생활잠언집

생활잠언집

편저 **허 이 레** 목사

하나로선
사상과문학사

서문
"생활잠언집"을 내면서…

허 이 레
가나안교회 담임목사 / 시인

꽁꽁 언 회색 하늘에 생각을 매달아 불을 켭니다.
전기줄 오선지에 걸린 초저녁 멀 쓱 달처럼 턱걸이하던 마음도 올라앉아 하나님과 조금 가깝지 않냐고 허공에 헛기침 소리를 냅니다.
오랜 침묵이 흐른 십이월의 어느 눈 내리는 밤.
밀어 왔던 글 작업을 위해 메모를 정리했습니다.
짧고도 쉬운 말씀과 생활이 접목되는 글을 써야겠다는 오랜 생각이 이제 한 묶음의 작은 책으로 출간하게 되었습니다.
청용열차를 탄 듯 멀미 나는 세상.
인생의 고삐를 잡으신 이가 종지를 항아리같이 쓰실 줄 믿고 맡깁니다.
시간도 쉼도 없이 바쁘기만 한 요즈음 디저트 같은 만나와 친근한 교감이 영성에 작은 도움이라도 되기를 바래봅니다.

부족한 이 사람의 책이 나오기까지 도와준 가족과 믿음의 식구들에게 많은 고마움과 감사를 드립니다.
또한 지금까지 도우신 여호와 이레의 하나님께 모든 감사와 영광을 돌립니다.

차례

서문	4
추천사	12
축사	14
축사	16
2019년	18

1부 * 길이란

1. 살아가는 힘 21
2. 그의 사랑은 이런 것 22
3. 좁은 문으로 들어가라 23
4. 길이란? 24
5. 건강하게 살자 25
6. 은혜 26
7. 주! 27
8. 주여 나를 가르치소서 28
9. 부지런하라 29
10. 모든 것이 감사 30
11. 하나님의 기쁨 31
12. 주의 성품 32
13. 마음 정원 33
14. 오늘의 삶도 감사 34
15. 전도 (1) 35
16. 전도 (2) 36
17. 알고 믿는 사랑 37
18. 사람 사랑 38
19. 감사는 생활 속에 있다 39
20. 온도를 적응하자 40
21. 마음을 지키라 41
22. 만족함이 없는 인생 42
23. 생각하며 사는 것이 지혜다 43
24. 영혼의 불 44

2부 * 생각의 차이

1. 생각의 차이	47
2. 내가 거룩하니 너희도 거룩하라	48
3. 지혜로운 청지기	49
4. 은혜를 알아야 생활이 된다	50
5. 찬송의 능력 (찬 44장)	51
6. 돈에 영혼을 팔고	52
7. 부족함이 없도다	53
8. 나를 지키시는 하나님	54
9. 우리는 다 이길 수 있다	55
10. 시행착오	56
11. 내가 잘 가르치는 줄 알았다	57
12. 그러면 되는 줄 알았다	58
13. 축복의 말씀	59
14. 시인하는 신앙	60
15. 끊을 수 없는 사랑	61
16. 거룩함을 온전히 하라	62
17. 주의 일을 하려거든	63
18. 가끔	64
19. 교회의 선한 일꾼들	65
20. 복 있는 사람	66
21. 잘못된 자식 사랑	67
22. 잘 살아보려고	68
23. 세리의 기도	69
24. 바리새인의 기도	70

3부 * 믿음은 고난 중에 자란다

1. 인생은 빈손이다 73
2. 열릴 때까지 기도하라 74
3. 밤에는 잠을 자라 75
4. 나를 부르셨으니 76
5. 세상것에 현혹되지 말라 77
6. 거짓말은 썩는다 78
7. 하나님 앞에 마음을 다하여 79
8. 하나님은 복 주시기를 원하신다 80
9. 나는 개입니다 81
10. 내가 죄인 중에 괴수니라 82
11. 사모하는 영혼을 만족케 하신다 (시 107:9) 83
12. 아버지가 찾는 자 (요 4:23-24) 84
13. 긍정과 부정 85
14. 혼자서도 가능한 일 86
15. 순종 (1) 87
16. 하나님은 기도를 들으신다 88
17. 숙성 89
18. 믿음은 고난 중에 자란다 90
19. 하나님과 함께 일하라 91
20. 그릇은 깨끗해야 쓰고 싶다 92
21. 생명의 능력 93
22. 귀 기울여 보면 94
23. 석녀 95
24. 정죄 96
25. 입장 바꾸면 어떨까 97

4부 * 신앙의 균형잡기

1. 신앙의 균형 잡기	101
2. 요동하지 말라	102
3. 성도의 삶은	103
4. 나는 어떤 성도인가?	104
5. 빛이 되어라	105
6. 소금이 되어라	106
7. 마음을 기경하라	107
8. 나그네길	108
9. 현명한 여자들	109
10. 음란한 여자	110
11. 불순종의 길 (1)	111
12. 불순종의 길 (2)	112
13. 순종 (2)	113
14. 공동체 생활	114
15. 기도합시다 (1)	115
16. 기도합시다 (2)	116
17. 기도합시다 (3)	117
18. 구원	118
19. 현관문이 잠겼다	119
20. 주님도 기도하셨다	120
21. 신앙 관리하자	121
22. 새벽기도	122
23. 우선순위	123
24. 심방 거절 성경적인가?	124
25. 아직도 봄은 설레요	125

5부 * 감동있는 삶

1. 감동있는 삶   129
2. 인생 가을   130
3. 변화된 여인 (요 4:3-30)   131
4. 사마리아 여인   132
5. 입에 자크를 채우라   133
6. 옛 구습을 벗어라   134
7. 과거를 디딤돌 삼아 현재를 보라   135
8. 용서   136
9. 말씀 먹는 시간을 늘려라   137
10. 하나님은 우리를 버리지 않으신다   138
11. 자연을 통해 인생을 배운다   139
12. 눈물의 기도   140
13. 말하는 자와 묻는 자   141
14. 생각   142
15. 마음의 문   143
16. 믿음의 문   144
17. 성전의 문   145
18. 양의 문   146
19. 바람직한 삶   147
20. 세상에서 가장 힘든 사람   148
21. 긴 병에 효자 없다지만   149
22. 거룩한 사람이 되라   150
23. 기억력   151
24. 하나님은 자녀를 차별하지 않으신다   152
25. 경청하는 습관을 갖자   153
26. 불치병을 고치시는 하늘의 능력   154

추천사
하나님의 세미한 음성 듣기를 바라며…

박 영 률
국가발전기도연구원원장 / 교육학박사
철학박사 / 시인 / 교수

　허이레 목사님은 목회자로서 교회를 담임하고 있으며 동시에 몇 년 전 「하나로 선 사상과 문학」의 신인상을 받으며 문단에 정식으로 등단하신 시인이시다. 그래서 시집을 출간하기 위해서 준비를 다하고 작품까지 제출하셨다. 그런데 어느 날 전화로 목회자로서 신앙적인 책을 내기 전에 시집을 먼저 낸다는 것이 옳지 않다고 생각하여, 하나님께 영광 돌리는 말씀묵상집을 먼저 출판키로 했으니, 시집 출판은 잠시 뒤로 미루어 달라는 것이었다. 시간이 지난 후에 이제 준비되었다며 원고를 제출한 후 사무실에 오셔서 「생활잠언집」을 출판하시는 모습을 보면서 마태복음 6장 33절에 "너희는 먼저 그의 나라와 그의 의를 구하라, 그리하면 이 모든 것을 너희에게 더하시리라"는 말씀을 삶의 현장에서 실천하시고자 하는 의지가 있었음을 알게 되었다. 그리하여 하나님을 기쁘시게 하시겠다는 그 마음이 너무나 귀하다는 생각이 들면서 수많은 애독자들이 읽고 은혜받을 수 있겠다는 확신을 갖게 되었다.

  프랑스가 낳은 천재 수학자이자 물리학자이며 철학자 신학자였던 볼레르 파스칼(Pascal:1623~1662)이 기독교를 설명하고 전도하려는 목적에서 쓴 그의 유고집(1670)으로서 보드레르, 니체 등에게 영향을 끼친 실존주의의 선구자로서 깊은 명상 가운데 기록한 팡세(Pensees)가 연상되었다. 이 팡세는 어거스틴(Augustinus: 354~430)의 「기독변증론」과 쌍벽을 이룬다는 평인데, 파스칼(Pascal)의 포효의 울림은 근세 르네상스가 내걸은 인본주의에 맞선 신본주의로서 인간은 갈대지만, 그래도 위대하고 존엄한 것은 "생각하는 갈대"라는 깨우침이다.

  바라기는 허이레 목사님(시인)의 「생활잠언집」이 또 하나의 파스칼(Pascal)의 팡세처럼 많이 읽혀서 하나님의 세미한 음성을 듣는 계기가 되길 소망하면서 귀한 책을 출판하신 것에 진심으로 축하를 드리며 추천하는 바이다.

축사
축하드립니다

박 명 옥
중앙총회 부 총회장 / 목사

"하나님의 말씀은 살았고 운동력이 있어 좌우에 날선 어떤 검보다도 예리하여 혼과 영과 및 관절과 골수를 찔러 쪼개기까지 하며 또 마음의 생각과 뜻을 감찰하나니" (히 4:12)

인간을 위해 주신 생수가 되는 말씀. 생명의 생수를 맛봄으로써 진정한 영적 기쁨을 누리곤 합니다.

말씀의 생수로 늘 기쁨이 충만한 저자 허이레님은 목회자로서 시인으로 등단하고 훌륭한 성품과 인자한 모습으로 언제나 미소가 끊이지 않는 참 잘 웃는 사람이지요.

상대방을 이해하고 사랑이 넘치며 꽃을 사랑하는 마음의 표현이 남달라 보였습니다.

본인과는 영적 교류를 갖는 주님의 종으로서 언제나 기도와 말씀으로 충만한 모습을 보기 좋아합니다.

시인으로서 시집을 발간하기 전 하나님 말씀으로 먼저

영광을 돌리는 그 마음이 얼마나 아름다운지요.
 이 책을 읽는 모든 분들이 새롭게 눈을 뜨고 몸과 마음이 연약한 자가 힘을 얻어 소생하는 생동감 넘치는 삶을 살았으면 하는 마음 간절합니다.
 중앙에 훌륭한 목사님이 계시다는 것을 다시한번 감사드리며 자부심을 갖게 됩니다.
 하나님께 영광이 될 첫 번째 생활잠언집 출간을 축하드립니다.

축사
생활잠언집 출간을 기뻐하며

신 순 자
경인문학회 회장

살포시 따스한 햇볕이 유리벽을 타고 넘어 들어온다.
아침햇살만큼 황홀하고 분주한 아침.
등단 작가들을 비롯한 회원들이 모여 문학적인 글쓰기를 학습하는 곳.
언어의 꽃향기 진동하는 이곳(문예 창작교실)에서 우리는 늘 행복한 만남을 갖는다.
하나님을 믿는 이레님은 무한한 신심과 남을 위해 항상 배려하고 베푸는 모습에 남다름을 느낀다.
이레님의 단아함과 학구적인 자세는 항상 회원들의 선망의 대상이기도 하다.
가끔 건강이 안 좋을 때도 있지만 한결같이 고운 마음으로 어두움을 밝게 비춘다.
거룩하신 하나님의 말씀, 성경구절을 일상의 삶 속에 녹아들게 하는 말씀집도 출간하였다.
하나님께서는 우리가 삶의 조건이라고 생각하는 그 외적

인 요소들은 행복의 조건이 아니라고 하신다.
 오직 하나님이 주시는 은혜를 통해 행복하기를 바라신다.
 이레님이 그렇게 행복하기를 믿으며 앞으로 더욱 건강에 유념하고 건필 하여 좋은 글로 하나님의 역사에 영원히 함께 하길 기도드리며 잠언집이 출간됨을 진심으로 축하드립니다.

2019년

회초리 매처럼 찰진 바람
상고대 눈서리 아직 능선 탈 때
새해라는 멋쟁이가 복돼지를 선물했다

사람들 마음은 잔치집처럼
북적이며 꿈꿀 때
나도 슬쩍 한 놈을 끌어안았다

어릴 적 누이 같이 낯설지 않은 기운
주먹을 꽉 쥐며 중얼거렸다
음~ 다시 꿈꾸는 거야

배려 없는 황혼의 남루를 벗고
노숙하던 마음 추스르며
식은 가슴 불을 붙인다

그리고 꿈을 불러 높은 음에 싣는다
복을 주려면 건강의 복이요
기쁨을 주려면 벗을 주려므나

아~ 행복한 우리여
고삐 쥐고 사는 님들이여
올해의 주인공은 님들이시라

1부 * 길이란

1. 살아가는 힘
2. 그의 사랑은 이런 것
3. 좁은 문으로 들어가라
4. 길이란?
5. 건강하게 살자
6. 은혜
7. 주!
8. 주여 나를 가르치소서
9. 부지런하라
10. 모든 것이 감사
11. 하나님의 기쁨
12. 주의 성품
13. 마음 정원
14. 오늘의 삶도 감사
15. 전도 (1)
16. 전도 (2)
17. 알고 믿는 사랑
18. 사람 사랑
19. 감사는 생활 속에 있다
20. 온도를 적응하자
21. 마음을 지키라
22. 만족함이 없는 인생
23. 생각하며 사는 것이 지혜다
24. 영혼의 불

1. 살아가는 힘

하나님 내가 무엇을 할 수 있습니까?
나는 아무것도 할 수 없사오나 주께서 오래 참으시며 내 손을 놓지 않으시니 지금까지 존재 하나이다.
주는 나의 힘이요 반석이 되시며 나를 건지시는 자요 나의 하나님이 되시므로 말씀 의지하고 삽니다. (시 18:1-3)
또한 가족을 주셨으므로 어려움도 이기고 저들을 바라보며 소망을 품고 삽니다. (참고: 찬송 93, 305)
삶의 충전에 좋은 것 많이 주셨지만 만나보며 산 것 중에 때마다 바뀌는 사 계절이 얼마나 좋았던지요.
말벗, 잠벗, 글벗 곁에 두시고 맛난 것과 휴식을 공유할 수 있도록 하심도 살아가는 힘이었습니다.
그러나 뒤돌아 보면 내가 살아가는 힘은 아버지께서 항상 먹으라 권하셨던 말씀이 최고의 보약이었습니다.
아멘 하나님께 영광.

2. 그의 사랑은 이런 것

그는 나를 찾으라 하시며 또 오라 하신다.
무소부재한 하나님이 오시면 좋을 텐데 굳이 믿음을 내게 보이라 하신다. 맞다! 믿음을 보일 수 있는 것은 행위뿐이다. 아브라함아 네 아들을 바쳐라.
순종할 때, 그의 믿음을 확인하고 인정하며 믿어 주셨다.

"손을 내밀어 칼을 잡고 그 아들을 잡으려 하더니 … 아브라함아 아무일도 그에게 하지 말라 네가 네 아들 독자라도 내게 아끼지 아니 하였으니 내가 이제야 네가 하나님을 경외 하는 줄을 아노라" (창 22:1-19)

하나님은 우리에게 할 것과 말 것을 분명히 선포하셨다.
이것은 곧 우리가 그의 안에서 보호받고 자녀로 살게 하려는 사랑임을 알아야 한다.

3. 좁은 문으로 들어가라

넓은 길은 편안할 것 같아 많은 사람이 찾지만 좁은 길은 힘들 것이 뻔하므로 아무도 가려 하지 않는다.
그러나 하나님이 우리를 부르신 목적은, 고난의 길, 협착한 길이지만 주님이 가신 생명의 길이기 때문이다.

"좁은 문으로 들어가라 멸망으로 인도하는 문은 크고 그 길이 넓어 그리로 들어가는 자가 많고 생명으로 인도하는 문은 좁고 길이 협착하여 찾는 이가 적음이니라" (마 7:13-14)

바로 나를 선택하시어 많은 이들로 좁은 문을 선택할 수 있도록 인도하는 도구로 쓰심에 감사하자.
때로 힘들지라도 주님을 바라보며… 할렐루야.

4. 길이란?

사람들에게 길이란 무엇이라고 생각하는가?라고 물었더니 여러 대답들이 나왔다.

언덕길이요, 늙어가는 길이요, 행복을 찾아가는 길이요.

막다른 길, 죽음을 향해 가는 길, 나그네 길이요 등등.

그러나 신자에 있어선 천국 가는 길(영생의)이 맞고 그 길에 안내자는 예수시다.

믿는 자만 아는 길

"예수께서 가라사대 내가 곧 길이요 진리요 생명이니 나로 말미암지 않고는 아버지께로 올 자가 없느니라." (요 14:6)

우리의 눈을 열어 그 길을 알게 하셨으니. 이보다 더 큰 은혜가 어디 있을까? (요 14:1-31)

하나님께 감사합시다.

5. 건강하게 살자

우리가 건강하고 행복하게 살려면 피도 돈도 잘 돌아야 산다.

우리 몸은 순환이 안되면 위험하다. 이 사실을 모르는 사람이 없지만 그렇다고 해서 이런 사고가 안 일어나는 것은 아니다.

또한 몸만큼 중요한 것이 가정이다.

답답하고 소통이 안되면 서둘러 신약, 구약을 쓰라.

돈이 돌아야 사회가 살듯 영육으로 순환이 되어야 산다.

"하나님의 말씀은 살았고 운동력이 있어 좌우에 날선 어떤 검보다도 예리하여 혼과 영과 및 관절과 골수를 찔러 쪼개기까지 하며 또 마음의 생각과 뜻을 감찰 하나니" (히 4:12)

말씀처럼 좋은 치료약이 곁에 있음을 감사하자.

6. 은혜

하나님의 눈으로 자신을 보라.

"내가 여호와로 인하여 크게 기뻐하며 내 영혼이 나의 하나님으로 인하여 즐거워하리니 이는 그가 구원의 옷으로 내게 입히시며 의의 겉옷으로 내게 더하심이 신랑이 사모를 쓰며 신부가 자기 보물로 단장함 같게 하셨음이라" (사 61:1-11)

이 얼마나 벅찬 감사란 말인가?
그의 죽으심으로 구원의 옷을 입고 하나님의 공의를 지키며 빛의 자녀로 살되 신랑을 맞이할 신부처럼 단장하셨으니 우리가 마땅히 심령으로 말씀을 받아 순종의 삶을 살 것이라.
아멘!

7. 주!

그가 말씀하신 것을 생각하며 내가 죄인인 것을 알고 하염없이 울었습니다.

나의 생명 되신 주(82장)를 부를 때, 부르다가 복받치는 감사로 통곡했습니다.

무심코 하늘을 보다가 이 세상에 내가 살아 존재한다는 것을 감사하며 또 울었습니다.

"내 주여 나의 눈물을 주의 병에 담으소서
은혜가 풍성한 하나님이시여" (시 56:8)

8. 주여 나를 가르치소서

구슬이 서말이라도 꿰어야 보배라는 말이 있듯이 실천이 따르지 않는 말은 공허한 구호뿐이다.

작은 일이라도 말을 앞세우기보다는 몸소 실천에 옮기는 성도가 일등 성도다.

"내가 사람의 방언과 천사의 말을 할지라도 사랑이 없으면 소리 나는 구리와 울리는 꽹과리가 되고… 아무 유익이 없다고 하셨다."

또한 야고보서 2:26 에서는

"영혼 없는 몸이 죽은 것같이 행함이 없는 믿음은 죽은 것이니라" 하셨으니 말 잘하는 앵무새 되지 말고 주인 말에 묵묵히 순종하는 소 같은 일꾼이 되자.

9. 부지런하라

일손이 많으면 일이 수월해진다.

"게으른 자여 개미에게로 가서 그 하는 것을 보고 지혜를 얻으라 개미는 두령도 간역자도 주권자도 없되 먹을 것을 여름 동안에 예비하여 추수 때에 양식을 모으느니라" (잠 6:6-8)

개미들의 협동과 결속력은 어떤 어려움도 극복해 낸다. 한 마리의 개미는 약하나 모이면 큰 군대가 되니 사람도 빈둥대는 손보다 일하는 손이 아름답고 굄을 얻는다.
그러므로 말씀처럼 부지런하고 게으르지 말자.

10. 모든 것이 감사

저 자연의 숲을 보라!
푸르른 저들은 입이 없다. 먹지도 배설도 안 하니 냄새가 없다. 동물의 입은 먹기만 하고 일은 안 하나 사람의 입은 먹고 말하고 육체는 일도 한다.
자연은 이와 같은데 불행하다고 생각하는가?
창 3:19에서는 "네가 얼굴에 땀이 흘러야 식물을 먹고 필경은 흙으로 돌아가리니 그 속에서 네가 취함을 입었음"이라고 하셨다.
생각하니 이렇게 감사할 수가 없다.
식탁에 앉아 맛난 음식을 예쁜 그릇에 담아 먹을 수 있고 친구와 홀짝대며 마시는 차 한 잔의 여유.
예쁜 양말을 골라 신고, 한 번쯤 감개무량하지 않은가?

11. 하나님의 기쁨

말씀을 늘 읽고, 듣고, 깨달으며, 믿음의 내공을 쌓자.

"믿음이 없이는 기쁘시게 못하나니 하나님께 나아가는 자는 반드시 그가 계신 것과 또한 그가 자기를 찾는 자들에게 상 주시는 이심을 믿어야 할지니라" (히 11:6)

위로는 하나님을 섬기며 이웃에게 손을 펴는 이들에게 "오직 선을 행함과 나눠주기를 잊지 말라 이 같은 제사는 하나님이 기뻐하시느니라" (히 13:16, 살전 2:4)시며 당부하신다. 하나님의 뜻은 우리 마음이 선을 행하다 낙심하지 않기를 바라며 함께 기뻐하길 원하신다.
말씀에 순종함으로 기쁨의 제사를 드리자.

12. 주의 성품

하나님은 있는 것도 자랑하고 주는 것도 자랑하는 우리에게 쉿! 모르게 하라신다.

"너는 구제할 때에 오른손이 하는 것을 왼손이 모르게 하며 네 구제함이 은밀하게 하라 은밀한 중에 보시는 너희 아버지가 갚아 주시리라" (마 6:1-4)

그러나 어떤 이들은 알아줘야 하고, 칭찬해줘야 하고 그렇지 않으면 굉장히 화가 난다.

느브갓네살 왕이 "이 큰 바벨론은 내가 능력과 권세로 건설하여 나의 도성을 삼고 이것으로 내 위험의 영광을 나타낸 것이 아니냐 하였더니… 왕은 모든 공로를 자기에게 돌렸다" (단 4:30~)

그러나 바울은 지금 현재의 내가 있기까지 하나님의 은혜로 영광을 돌린다.

나의 나 된 것은 하나님의 은혜로라.

13. 마음 정원

마음을 가꾸면 정원이 된다.

"만물보다 거짓되고 심히 부패한 것은 마음이라 누가 능히 알리요마는" (렘 17:9)

풍기는 냄새로 안다. 말로 행동으로 전달된다. 씻지 않으면 모두 도망간다.
예수 믿는 성도는 외모뿐 아니라 마음이 정결하며 온화하여 그리스도의 향기를 뿜어내야 한다.
들에 핀 꽃 한 송이도 자기 향과 자신만의 빛깔이 있으니 우리가 예수 닮은 향기와 마음을 갖추는 것이 마땅할 것이다.
정원은 향기가 가득한 곳이어야 한다.
그리스도의 사랑의 온도로 잘 가꾸어 나갑시다.

14. 오늘의 삶도 감사

나이를 먹으면 판단력은 좋아지나 기억력은 퇴보한다. 육체적으로는 곤고함이 있을지라도 속사람은 늘 영혼의 새로운 능력으로 힘을 얻음을 바울은 말한다.

"그러므로 우리가 낙심하지 아니하노니 겉사람은 후패하나 우리의 속은 날로 새롭도다" (고후 4:16)

그러므로 겉모습에 연연하지 말고 속사람으로 강건케 하자.
나그네 인생 길어야 70~80이라고 했던 야곱을 기억하며 말씀을 찾아 읽으시길 바란다.

15. 전도 (1)

주인은 부탁을 하셨다. 아니 명령을 하셨다.

"그러므로 너희는 가서 모든 족속으로 제자를 삼아 아버지와 아들과 성령의 이름으로 세례를 주고 내가 너희에게 분부한 모든 것을 가르쳐 지키게 하라" (마 28:18-20)

"오직 하나님의 옳게 여기심을 입어 복음 전할 부탁을 받았으니" (살전 2:4)

이것은 해도 되고 안 해도 되는 것이 아니다.
성도는 마땅히 맡은 일에 성실히 순종해야 한다.

16. 전도 (2)

믿음으로 받고, 믿음으로 먹고, 믿음으로 나누어주는 복음.

바로 영혼을 사랑하는 마음이 주의 일을 한다. 영혼은 불씨, 우리 속에 불씨를 주셨다. 그러나 역할은 해야 보인다.

"내게 능력 주시는 자 안에서 내가 모든 것을 할 수 있느니라." (빌 4:13)

불씨는 말 그대로 씨가 되는 것이다. 옮겨붙어야 제 역할을 하는 것이다. 먹은 것만큼, 받은 것만큼 힘 있는 불꽃으로 타오르자.

17. 알고 믿는 사랑

세상에 사랑은 다양한 형태의 변질을 가져오나 하나님의 고귀한 사랑은 영원불변하시다.

"우리가 아직 죄인 되었을 때에 그리스도께서 우리를 위하여 죽으심으로 하나님께서 우리에게 대한 자기의 사랑을 확증하셨느니라" (롬 5:8)

누가 자기 생명을 버려 죄인 괴수를 구원하겠는가?
누구도 죄의 댓가를 대신 지불할 수 없으나 주님의 사랑은 해내셨다.
영원히 유효한 십자가의 사랑으로…

18. 사람 사랑

사랑의 대상이 '종'을 가리지 않고 넘쳐나도 사람 사랑이 제일이다. 하나님도 우리 인간을 사랑하시므로 예수님을 보내셨다.

"자녀들아 우리가 말과 혀로만 사랑하지 말고 오직 행함과 진실함으로 하자" (요일 3:8)

"믿음, 소망, 사랑 이 세 가지는 항상 있을 것인데 그 중에 제일은 사랑이라" (고전 13:13)

그러므로 백 마디 말보다 실천하는 성도가 되어야 한다.

19. 감사는 생활 속에 있다

적은 것일지라도 항상 감사하는 사람은 점점 말처럼 감사가 늘어난다.

하박국 선지자는
"비록 무화과나무가 무성치 못하여 포도나무에 열매가 없으며 감람나무에 소출이 없으며 밭에 식물이 없으며 우리에 양이 없으며 외양간에 소가 없을지라도 나는 여호와로 인하여 즐거워하며 나의 구원의 하나님으로 인하여 기뻐하리로다"(합 3:17-18)고 했다.

원망과 불평 대신 없고 없음에도 감사의 씨를(언어) 심었고 하나님은 그에게 기쁨을 주셨다.

잘 살고 넉넉한 것만 감사한다면 누군들 못할까. 그러므로 감사는 소유에 있지 않으며 믿음에 있는 것임을 알 수 있다. 할렐루야.

20. 온도를 적응하자

　무더위엔 이열치열이라는 말이 생각난다. 맞다 맞는 말이다. 더우면 더운 대로 땀도 흘리며 순리대로 몸을 적응하는 것이다.
　우리는 사계절을 살며 감사보다는 못 견디게 춥고 더웠던 것만 기억한다. 이제 심령천국에 믿음의 온도를 높이자. 계절 상관없이 열정으로 하늘나라를 품고 살자.
　주님의 사랑과 은혜 공급이 떨어지면 우리 영혼은 한여름도 서늘하다.

　"하나님의 나라는 볼 수 있게 임하는 것이 아니요 하나님의 나라는 너희 안에 있느니라" (눅 17:20-21)

　여러분이여 신앙의 온도계를 한번 체크해보면 어떨지…

21. 마음을 지키라

때로 사람들이 생각 없이 말을 한다. 아무렇지도 않게 하는 부정적인 말들 못 살겠다, 죽겠다, 안돼 등등 자신이 하는 말로 올무가 된다.

쏟아낸 말들이 자석이 되어 부정적인 것들을 끌어들인다.

성경은 모든 지킬만한 것 중에 더욱 네 마음을 지키라 생명의 근원이 이에서 남이라고 말씀한다. (잠 4:23)

긍정적인 마음을 갖는다는 것은 생각만으로는 안된다. 우리 주의 보혈로 새로운 피조물이 된 자신을 인식하고 긍정하는 삶을 살 때만 가능하다.

마음이 흘러나오는 것이 말이니만큼 입술에 파수꾼을 세워 긍정적인 삶을 살자.

22. 만족함이 없는 인생

인간은 부족함이 없어야 만족한다. 그래서 그걸 채우려고 노력하는 것이다. 아무리 채워도 부족한 것이 욕심인데 말씀으로 다듬어지지 않으면 여전히 물질 쫓아 사는 삶이 된다.

"욕심이 잉태한즉 죄를 낳고 죄가 장성한즉 사망을 낳느니라" (약 1:15)

점진적으로 소도둑 되어가는 과정을 통해 결말을 알 수 있듯이 이제 돌아보자.
그리고 지금 내게 베푸신 은혜가 족한 줄 알고 감사의 고백을 올려드리자. (고후 12:9)

23. 생각하며 사는 것이 지혜다

보이지 않게 가는 것이 시간이고 보이게 가는 것이 물이다. 시간을 살며 물 흐르듯 세월이 흐른다. 그러기에 꽃 피는 시기가 있고 늙어 죽는 때가 있다.

"한번 죽는 것은 사람에게 정하신 것이요" (히 9:27)

너는 흙이니 흙으로 돌아갈 것임을 창 3:19에서 말씀하신 바 곧 시간은 생명이다. 그러므로 생각하고 돌아보며 사는 것이 필요하다. 하나님께서 하신 일은 죽음까지도 인간을 위한 복이다.

24. 영혼의 불

불은 가두어서 공기가 안 통하면 죽는다. 그래서 높은 등경 위에 둔다.

"또 저희에게 이르시되 사람이 등불을 가져 오는 것은 말 아래나 평상 아래나 두려함이냐 등경 위에 두려함이 아니냐" (막 4:21-22)

잠잘 사람이 환한 빛이 필요하진 않을 것이다. 고로 밝은 데서도 할 수 있는 일을 하지 않는다면 이 어리석은 게으름뱅이를 하나님은 외면하실 것이다.

참 빛 되신 예수님을 믿는 자들은 빛의 자녀답게 받은 빛을 세상에 반사시켜야 할 책임이 있다.

마음을 닦고 열어라 공기가 통하도록…

받은 은혜를 세상에 나누며 주를 증거하는 삶을 살 때 믿음의 불은 절대 꺼지지 않을 것을 확신한다.

2부 * 생각의 차이

1. 생각의 차이
2. 내가 거룩하니 너희도 거룩하라
3. 지혜로운 청지기
4. 은혜를 알아야 생활이 된다
5. 찬송의 능력 (찬44장)
6. 돈에 영혼을 팔고
7. 부족함이 없도다
8. 나를 지키시는 하나님
9. 우리는 다 이길 수 있다
10. 시행착오
11. 내가 잘 가르치는 줄 알았다
12. 그러면 되는 줄 알았다
13. 축복의 말씀
14. 시인하는 신앙
15. 끊을 수 없는 사랑
16. 거룩함을 온전히 하라
17. 주의 일을 하려거든
18. 가끔
19. 교회의 선한 일꾼들
20. 복 있는 사람
21. 잘못된 자식 사랑
22. 잘살아보려고
23. 세리의 기도
24. 바리새인의 기도

1. 생각의 차이

시작이 반이라는 말이 있다.
무엇이든 불가능하다고 생각하는 사람은 스스로 생각 속에 갇혀 기회를 잃는다.
그러나 "내게 능력 주시는 자 안에서 내가 모든 것을 할 수 있느니라" (빌 4:13)라는 말씀을 믿는 자는 가능하다.
곧 믿음대로 될지어다~가 이루어지는 것이다.
시도해 볼 생각도 없는 사람과 일곱 번 넘어져도
가능성을 믿는 자는 인생이 다를 것이다.
자~ 생각을 바꾸고 믿음으로 다시 일어나자.
내게 능력 주시는 이의 이름으로.

2. 내가 거룩하니 너희도 거룩하라

그리스도인들은 세월이 지날수록 거룩해져야 한다. 죄에 대해 이야기 못하게 사단은 입을 막고 교회는 좋은 말만 하는 시대다.

내 신앙은 목사가 챙겨주지 못한다. 천국에 어떻게 가는지 그 길을 말씀에서 찾으라.

"예수께서 가라사대 내가 곧 길이요 진리요 생명이니 나로 말미암지 않고는 아버지께로 올 자가 없느니라" (요 14:1-14)

그러므로 말씀 좇아 진리의 길에 들어설 때 우리는 조금씩 희어질 것이다. 말씀을 찾아 읽으며 귀한 은혜가 임하시길 바란다.

3. 지혜로운 청지기

하나님의 지혜는 위로부터 온다. 그러므로 지혜가 부족하면 구하고 구하면 후히 주시겠다고 주님은 말씀하셨다. 지혜 있는 자는 겸손하고 선하며 편벽이나 거짓이 없는 성결함이 있어야 한다. 또한 하나님을 두려워하며 악에서 떠나는 것이다.

말이나 생각이나 살펴보며 진실함으로 해야 할 일을 하라. 영적인 양식을 나누는 자가 하나님의 청지기이며, 추수할 일꾼들 희생, 헌신, 생명 살리는 기도의 불 밝히는 자가 지혜 있는 청지기(관리인)이다. (눅 12:41-48, 참고: 잠 24:3-7)

"지혜 있는 자는 강하고 지식 있는 자는 힘을 더하나니" (잠 3:5)

4. 은혜를 알아야 생활이 된다

믿음은 종교생활로 하는 것이 아니고 생활이 되게 하라. 즉 신앙생활, 믿음 생활이 가르침을 받은 대로 내 삶 속에 생활이 되는 것이다.
아는 자는 하나님을 알았고 배운 자는 말씀을 배웠으므로 말 그대로 실천하는 그리스도인이 되어야 한다.

"너희는 세상의 소금이니 소금이 만일 그 맛을 잃으면 무엇으로 짜게 하리요… 너희는 세상의 빛이라" (마 5:13-16)

즉 예수 믿는 사람들은 믿음대로 살아야 하니 곧 세상의 빛으로 소금으로 하나님의 사랑을 증거하라. 듣던지 아니 듣던지 복음을 증거하며 주 안에서 감사하라.
나중은 하나님이 일하신다.

5. 찬송의 능력 (찬 44장)

찬송은 적을 파멸 시키는 능력이 되며 전쟁에서 승리가 보장되는 역사가 일어난다. 힘 있게 싸울 수 있는 무기가 되고 슬픔과 낙망 중 위로가 된다. 그러므로 우리가 찬송을 부를 때 큰 힘을 얻게 된다.

찬송을 하려면 바울과 실라처럼 하고, (행 16:25-26) 빌립보 감옥에서 한밤중의 찬송은 옥문을 열었다.

"밤중쯤 되어 바울과 실라가 기도하고 하나님을 찬미하매 죄수들이 듣더라 이에 홀연히 온 지진이 나서 옥터가 움직이고 문이 곧 다 열리며 모든 사람의 매인 것이 다 벗어진지라" (행 16:25-26)

묵상을 하려면 다윗과 같은 시인이 되고, 이왕에 꿈을 꾸려면 요셉과 같이 꾸라.

자! 오늘부터 거룩한 욕심 한번 가져봅시다.

행 16:16-34 찾아 읽으시기를 권면한다.

6. 돈에 영혼을 팔고

돈은 필요한 만큼만 벌어 쓰면 되는데 인간이 욕심이 많아서 늘 죄를 짓는다. (딤전 6:10)

"아나니아라 하는 사람이 그 아내 삽비라로 더불어 소유를 팔아 그 값에서 얼마를 감추매 그 아내도 알더라" (행 5:1-2)

성령을 속이고 돈에 영혼을 판 부부.
보이지 않는 하나님보다 돈이 더 좋았던 게 죽음을 불렀다. 사실 돈 좋아하는 사람보다 믿음 좋은 사람 만나길 기도해야 옳다. 그래야 돈도 따라온다. 함께 망한 인생 가룟 유다도 돈 때문에 사단에게 제 영혼을 팔았음을 기억하자. (행 5:1-11)

7. 부족함이 없도다

  화분에 심은 나무는 날마다 물을 안 주면 금방 시들어 죽는다. 정원이나 과수원, 식물이 어디에 심겼느냐에 따라 잘 자라거나 또는 죽는다.
  자연은 하나님이 만드셨다. 그래서 자연스럽다. 그러나 인위적이 되면 이미 자연은 아니다. 그런데 우리는 하나님의 시냇가에 심겼다. 절대 인위적일 수 없는 곳 거기…

  "저는 시냇가에 심은 나무가 시절을 좇아 과실을 맺으며 그 잎사귀가 마르지 아니함 같으니 그 행사가 다 형통하리로다" (시 1:3) 아멘

  얼마나 좋은가 얼마나 감사한가.
  우리는 하나님의 큰 은택을 입고 있음을 알자.

8. 나를 지키시는 하나님

여러분이여 이왕에 예수를 믿으려면 잘 믿어야 한다. 어느 날 가장 행복한 순간, 가장 불행한 일이 생길 수도 있기 때문이다.

가족여행 중에 들른 연못을 바라보고 있다가 뛰어오른 악어에게 사고를 당하는 과정, 상상이 가는가. 그 순간을 지켜본 가족의 뒷모습이 절망이다. 어머니의 행복도 남편의 꿈도 안개 속으로 숨었다.

"너는 청년의 때 곧 곤고한 날이 이르기 전에 나는 아무 낙이 없다고 할 해가 가깝기 전에 너의 창조자를 기억하라" (전 12:1-8)

세상은 생각처럼 편안하지도 안전하지도 않다. 세상에는 도울 자가 없음을 알고 말씀 묵상하라.

9. 우리는 다 이길 수 있다

아귀 수컷은 암컷보다 오십 배 가량 몸집이 작기도 하단다. 그래서 먹이 구하기가 쉽지 않아 암컷을 하나 물고 평생 피를 빨아먹고 산다. 때로는 한 마리에 여러 수컷이 붙어서 영양분을 빨아 먹는다고 하니 이보다 끔찍한 일은 없을 것 같다.

성경도 이와 비슷한 일에 주의할 것을 경고하신다. 음녀가 계획적으로 밤을 기다려 한 청년을 만나게 되는데

"소년이 곧 그를 따랐으니 소가 푸주로 가는 것 같고 미련한 자가 벌을 받으려고 쇠사슬에 매이러 가는 것과 일반이라 필경은 살이 그 간을 뚫기까지에 이를 것이라 그 생명을 잃어버릴 줄을 알지 못하나…" (잠 7:1-27)

"대저 그가 많은 사람을 상하여 엎드러지게 하였나니 그에게 죽은 자가 허다하니라" (잠 7:26)

음란의 뒷골목은 영혼과 육체가 파멸하는 곳이다.

10. 시행착오

사람들은 시행착오를 겪으며 살아간다.

바울이 다메섹에서 예수님 만나기까지 내가 하나님을 제일 잘 믿는 줄 알았다.

그 열심은 스데반의 죽음을 지켜보며 옷을 맡아 갖고 있을 정도로 기세등등하였다. 저렇게 하나님을 욕되게 하는 자는 죽어 마땅하다고 생각하면서…

"성밖에 내치고 돌로 칠새 증인들이 옷을 벗어 사울이라 하는 청년의 발 앞에 두니라…" (행 7:58)

우리가 잘못을 알아도 교만하면 듣지 않는다.

말하는 것보다 듣기를 속히 하라고 하셨는데도 말이다.

11. 내가 잘 가르치는 줄 알았다

주의 종 곁에 있는 평신도보다도 못했던 전도자 아볼로라 하는 사람은 학문이 많고 성경에 능한 자라. 해박한 지식과 설득력 있는 설교자였던 그가 에베소에서 브리스길라와 아굴라부부를 만났다.

"그가 일찍 주의 도를 배워 열심히 예수의 관한 것을 자세히 말하며… 회당에서 담대히 말하기를 시작하거늘 부부가 듣고 데려다가 하나님의 도를 더 자세히 풀어 이르더라 집사가 학자를 가르쳤다" (행 18:24-28)

오늘날도 아볼로처럼 지식적인 사람들이 있으며 또 성령의 역사하심으로 일하는 사람들이 있다. 부부가 바울과 함께하므로 축척된 은혜는 놀라웠다.
나는 누구와 함께 있나 여러분이여
믿음을 본받을 자와 함께 하시기를 권면한다.

12. 그러면 되는 줄 알았다

사울의 월권! 영적 무지로 인한 불순종의 결과는 왕권 박탈, 주의 종의 눈물의 기도, 하나님을 고통하며 후회하게 만들었다.

"사울과 백성이 아각과 그 양과 소의 가장 좋은 것 또는 기름진 것과 어린 양과 모든 좋은 것을 남기고 진멸키를 즐겨 아니하고 가치없고 낮은 것은 진멸 하니라" (삼상 15:9)

바로 이 말씀을 1-3까지 백 프로 불순종이었다.
문제는 내 생각! 가장 좋은 것이라는 내 생각이 하나님을 꺾는 것이라면, 누구에게 좋은 일일까. 교만은 패망의 선봉이라 했거늘, 갈멜에 자기를 위한 기념비를 세우는 등 덧없는 일로 바빴던 사울, 말씀을 찾아 읽으며 순종합시다. (삼상 15:1-35)

13. 축복의 말씀

하나님은 때를 따라 이른 비와 늦은 비로 은혜를 주신다. (사 44:3, 겔 34:26)
앵무새같이 똑같은 기도를 바꾸어 이제 드릴게요로 바꿔보는 것은 어떨까.
주는 자가 복되다 하셨으니 순종하는 자가 성령의 단비(축복을) 받을 것이다. 작은 것을 드려도 풍성케 하시는 하나님. 그는 결코 가난한 분이 아니시다.

"여기 우리에게 있는 것은 떡 다섯 개와 물고기 두 마리뿐이니이다 이것을 가지고 축사하사 오천명이 먹고도 열두광주리가 남았다" (마 14:13-21)

우리 모두 거듭나서 복 받는 자리에 있자. 광주리의 축복은 양손을 펴도 다 받을 수 없다.

14. 시인하는 신앙

발 없는 말처럼 소문은 입에서 입으로 전해진다. 그 소문은 우리에게 예수를 전하고 그 사랑을 전하며 교회로 이끌었다. 우리는 이렇게 예수를 주로 시인하며 죄인 된 나를 구원하신 분임을 간증하며 자랑해야 한다.

로마 사람들은 "황제를 우리의 주인이다"라고 했지만 예수 믿는 사람들이 생긴 후 핍박은 있었을지라도 결국 기독교를 받아들이는 역사가 나타났다.

"사람이 마음으로 믿어 의에 이르고 입으로 시인하여 구원에 이르느니라" (롬 10:10)

주님은 우리 마음에 오셔서 믿어지는 믿음을 주셨으니 기쁘게 시인하며 간증하며 살자.

15. 끊을 수 없는 사랑

보이지 않을 때는 몸으로 느끼며 함께 있었다. 놀 때나 잠잘 때도 숨소리를 들으며 아가를 기다렸다.

별이 따스한 아침, 일어나자마자 지진처럼 몸이 떨리기를 하루 종일, 캄캄한 밤이 되어서야 내 아픈 살점이 세상 밖으로 떼어진 것을 알았다.

열심히 사랑할 거야 속삭이며 눈앞에 보석으로 오래 있길 원하였다.

"내가 확신하노니 사망이나 생명이나 천사들이나 권세자들이나 현재일이나 장래일이나 능력이나 높음이나 깊음이나 다른 아무 피조물이라도 우리를 우리 주 그리스도 예수 안에 있는 하나님의 사랑에서 끊을 수 없느니라" (롬 8:38-39)

이것이 부모(하나님 아버지)의 마음인 것을…

16. 거룩함을 온전히 하라

하나님 말씀의 교훈을 받은 자들도 시험에 들고 혼탁한 세상을 살기가 어려운 때이다.

성도덕은 문란하고 가정은 흔들린다. 그러나 도덕적으로 깨끗게 하며 또한 거룩함을 온전히 이루는 것이 하나님의 명령이고 보면 스스로 할 수 없음을 고백하고 하나님께 맡겨야 한다.

"너희는 스스로 깨끗게하여 거룩할지어다 나는 너희 하나님 여호와니라 너희는 내 규례를 지켜 행하라 나는 너희를 거룩케 하는 여호와니라" (레 20:7-8)

하나님은 모든 계명을 다 지키며 가증한 범죄에 동참하지 말 것과 거기에 따르는 징계와 심판이 있을 것을 경고하신다.

17. 주의 일을 하려거든

돈 믿고 하는 일은 돈 떨어지면 끝나고, 사람 믿고 하는 일은 공든 탑이 될 수 있다.

내가 무엇을 할 수 있는 것은 그것을 할 수 있게 하는 원동력 예수가 있기 때문이다.

"할 수 있거든이 무슨 말이냐 믿는 자에게는 능치 못함이 없느니라" (막 9:23)

있다가도 날아가는 것이 재물이며 죽고 못살다 가도 조석으로 변하는 것이 인간의 마음이다. 가까운 사람이 먼저 변한다. 가까이 보기 때문에 실망…

말씀 전하다 혈기 부리지 말라. 모세는 고생만 하고 가나안에 들어가지 못했다. 하나님의 일은 하나님과 함께 할 때 그가 일하신다.

믿음 갖고 하나님 앞에 무릎 꿇자. (막 9:18-19)

18. 가끔

가끔, 아니 수시로 생각한다. 예수를 안 믿었더라면 지금 어떻게 살고 있을까. 나보다 나를 더 잘 아시는 주님

"내가 여호와를 기다리고 기다렸더니 귀를 기울이사 나의 부르짖음을 들으셨도다 나를 기가 막힐 웅덩이와 수렁에서 끌어 올리시고 내발을 반석 위에 두사 내 걸음을 견고케 하셨도다" (시 40:1-3)

가끔 성전에 앉아있기만 해도 온기를 주시는 아버지 부모가 있는 사람은 행복한 사람이다. 더군다나 혈육이 전혀 없는 사람은 하나님이 전부가 된다.
외로운 사람들을 위하여 우리 모두 기도합시다.

19. 교회의 선한 일꾼들

많은 사람들이 모여도 어떤 일을 제안하고 생각을 먼저 말하는 사람이 있다. 선한 일에 힘쓰는 일꾼들이다. 새롭게 변화되지 않으면 할 수 없는 것이 주의 일. 일꾼은 늘 주인과 함께 기뻐할 것을 생각한다.

"그러므로 형제들아 내가 하나님의 모든 자비하심으로 너희를 권하노니 너희 몸을 하나님이 기뻐하시는 거룩한 산제사로 드리라 마음을 새롭게 하므로 변화를 받아… (롬 12:1-2)

다시 말하거니와 진실로 우리 변화 받자. 예수님은 화목제물이 되셨다. 그러므로 우리도 제물이 되어야 한다.

20. 복 있는 사람

시편의 시작은 복으로부터 시작한다. 여호와의 율법을 좋아하는 자, 묵상하는 자가 가장 복된 자라고 말씀하신다.

"오직 여호와의 율법을 즐거워하여 그 율법을 주야로 묵상하는 자로다" (시 1:2)

묵상이란 바로 되새김이다. (시 1:1-6)
소는 아침이면 첫 번째 위에서 되새김을 해서 다시 제3, 제4의 위로 보내 피와 살을 만든다. 일단 먹은 음식을 되새김해야 소가 건강하고 쉽게 병이 걸리지 않는다.
이럴 때 그 말씀이 내 영혼의 힘이 되고 피와 살이 된다. 악인이 받지 못하는 것을 의인이 받고 시절을 좇아 과실을 맺는 복 중에 겸손과 지혜를 주셔서 만사가 다 형통한다. 할렐루야.

21. 잘못된 자식 사랑

편애로 비극을 자초한 리브가의 잘못된 자식 사랑이 형제간을 원수로 만들어버렸다. 너무도 쉽게 남편과 맏아들을 거짓말로 속이고 그 자리에 머뭇거리는 야곱을 밀어넣어 에서의 축복을 가로채게했다 (창 27:1-46)

에서는 칼을 갈고(41-45) 야곱은 도망자가 되어 외삼촌 집으로 피신하지만 야곱의 평생은 순탄치 않았다.

"네 형의 노가 풀리기까지 몇날 동안"은 (창 27:44) 리브가의 생각이고 "야곱은 외삼촌네서 이십년을 있었다" (창 31:41)

모든 것을 지켜보시던 하나님은 때가 차매 야곱을 출생지로 보내신다. 하나님의 사랑은 편애가 아니라 공평이시다.

22. 잘 살아보려고

흉년이 들어 부부가 두 아들과 함께 고향을 떠나 모압 지방으로 이사를 갔다. 아들 둘을 그 지방 여자들로 며느리를 삼고 잘 사는 듯했으나 안 먹어도 배부를 것 같은 두 아들과 남편을 잃고 십 년 만에 자식도 없는 작은 며느리 룻과 고향으로 돌아온다. 하나님의 섭리였다. (룻 1장)

재혼을 하라는 시모의 말에 소리 높여 울며 어머니의 백성에게로 돌아가겠다며 따라나선다. (룻 1:9-10) 시모 나오미와 젊은 미망인 룻을 위해 보아스를 예비해 놓으신 하나님.

이 둘이 결혼하여 오벳을 낳고 오벳은 다윗의 아비 이새를 낳아 결국 다윗의 증조모가 되었다. 육적 배부름 쫓다 다 잃었다.

순결한 믿음과 효를 보셨던 하나님은 룻을 들어 크게 쓰셨다.

23. 세리의 기도

죄인임을 깨달은 세리는 하나님께 할 말이 많았다. 성전에서 기도를 하려니 하염없이 눈물만 흐르고, 가슴이 꽉 막혔다. 큰소리로 기도하는 바리새인과는 달리

"감히 눈을 들어 하늘을 우러러 보지도 못하고… 하나님이여 불쌍히 여기옵소서 나는 죄인이로소이다" (눅 18:9-14)

자기의 마음을 다 담은 이 기도는 바로 세리의 신앙고백이었다. 하나님의 마음을 움직인 기도는 자신을 아는 겸손의 기도였다. 아멘.

24. 바리새인의 기도

성전에 들어서면서부터 고자세로 스스로의 행위를 자랑한다. 부끄럽고 잘못된 기도를 그것도 큰소리로 저들과 달라 감사하다는 교만과 위선.

"바리새인은 서서 따로 기도하여 가로되 하나님이여 나는 다른 사람들 곧 토색, 불의, 간음하는 자들과 같지 아니하고 이 세리와도 같지아니함을 감사하나이다" (눅 18:)

비슷한 사람들을 가끔 보는데 성경은 이렇게 권면한다.

"어찌하여 형제의 눈 속에 있는 티는 보고 네 눈 속에 있는 들보는 깨닫지 못하느냐" (눅 18:9-14)

내가 드린 것보다 받은 은혜가 크다고 생각하는 사람은 늘 울어도 자랑할 것이 없다.

3부 * 믿음은 고난 중에 자란다

1. 인생은 빈손이다
2. 열릴 때까지 기도하라
3. 밤에는 잠을 자라
4. 나를 부르셨으니
5. 세상것에 현혹되지 말라
6. 거짓말은 썩는다
7. 하나님 앞에 마음을 다하여
8. 하나님은 복 주시기를 원하신다
9. 나는 개입니다
10. 내가 죄인 중에 괴수니라
11. 사모하는 영혼을 만족케 하시다 (시 107:9)
12. 아버지가 찾는 자 (요 4:23-24)
13. 긍정과 부정
14. 혼자서도 가능한 일
15. 순종 (1)
16. 하나님은 기도를 들으신다
17. 숙성
18. 믿음은 고난 중에 자란다
19. 하나님과 함께 일하라
20. 그릇은 깨끗해야 쓰고 싶다
21. 생명의 능력
22. 귀 기울여 보면
23. 석녀
24. 정죄
25. 입장 바꾸면 어떨까

1. 인생은 빈손이다

영화를 누렸던 솔로몬은 세상의 모든 것이 좋아도 하나님이 주신 복 외에는 다 덧없음을 고백한다. 우리도 알면서 허둥지둥 어리석은 삶을 산다.

"우리가 세상에 아무것도 가지고 온 것이 없으매
 또한 아무것도 가지고 가지 못하리니 우리가 먹을 것과 입을 것이 있은즉 족한 줄로 알것이니라" (딤전 6:7-8)

우리 주님은 가진 것이 아무것도(무소유) 없었다.
머리 둘 곳도 없으시며 배고프셨고(막 11:12-1) 제자들도 보리 이삭을 잘라먹어 질타를 받았다.
우리는 이제 성경으로 돌아가 말씀을 되새김하며 움킨 손 펴보자.
말씀을 꼭 찾아 읽으시길 바란다.

2. 열릴 때까지 기도하라

표현하지 않는 마음은 모른다.
그러나 하나님은 다 아시면서도 우리에게 표현하기를 원하신다.

"구하라 그러면 너희에게 주실 것이요 찾으라 그러면 찾을 것이요 문을 두드리라 그러면 너희에게 열릴 것이니" (마 7:7-12)

그러므로 이 말씀은 곧 쉬지 말고 기도하기를 원하시는 하나님의 뜻임을 알아야 한다. (살전 5:17)

3. 밤에는 잠을 자라

하나님께서는 밤에 잠을 자고 휴식을 취하기에 적합한 빛을 주신다. 그러므로 밤에는 꿀잠을 자라. 예수님도 풍랑에 배가 뒤집어져도 모르고 주무셨다.

"바다에 큰 놀이 일어나 물결이 배에 덮이게 되었으되 예수는 주무시는지라" (마 8:24)

그런데 한 가지 잘 자려면 해지기 전에 분을 풀고(엡 4:26-27) 스트레스를 날려버려라. 화를 품고서는 편한 잠을 잘 수 없다.
주님은 사랑하는 자에게 잠을 주신다고(시 127) 하셨으므로 단잠자며 꿈도 꾸라. 야곱처럼(창 28:12-22)
꿈꾸는 자 요셉처럼…
성경을 다 찾아 읽으시기를 권면한다.

4. 나를 부르셨으니

하나님이 우리를 부르신 것은 남들보다 낫기 때문이 아니다. (출 3:4) 그러므로 체면의 옷, 연민의 옷, 교만과 자랑의 옷을 벗어버리라. 한꺼풀씩 벗겨질 때마다 새 은혜를 채우신다.

말씀이 깨달아질 때 순종하고 가슴이 뜨거울 때 하나님이 기뻐하시는 일에 최선을 다하라.

바로를 상대하기에는 불가능하다고 생각될 때
"여호와의 말씀에 내 생각은 너희 생각과 다르며 내 길은 너희 길과 달라서… 내 생각은 너희 생각보다 높으니라" (사 55:8-9) 하셨음을 기억하며 주의 일에 담대하라.

주는 언제나 동행하시며 또한 우리를 들으심이라. 아멘.

5. 세상것에 현혹되지 말라

 야곱의 딸 디나는 세상 여자들 구경 나갔다가 그 땅 추장에게 강간을 당했고(창 34:1-31) 아간은 멸망한 여리고의 보화를 도둑질하고 돌에 맞아죽었다. 그곳에 슬픔과 괴로움의 아골 골짜기라는 이름을 남긴 채(수 7:1-26) 롯의 처는 세상을 돌아보다 소금 기둥이 되고(창 19:26) 하나님께 의인이요, 완전한 자라 인정받았던 노아도 술에 취해 아까운 자녀들을 저주하는 큰 실수를 저지르고 만다.
 여러분들이여 세상 것들에 현혹되지 말고 탐내지 말며 미련을 버려 성령에 충만한 삶을 살자.

6. 거짓말은 썩는다

꺼내지 않고 꼭꼭 숨기니 몸과 마음이 상한다.

"거짓 증인은 벌을 면치 못할 것이요 거짓말을 내는 자는 망할 것이니라" (잠 19:9)

사해 바다는 흐르지 않고 고여있으니 썩는다. 말 중에 가장 비열한 것이 거짓말이다. 남을 속이는 것뿐 아니라, 그 말로 자신의 인격이 추악하게 병듦을 알자.
찬송과 말씀을 더욱 가까이하여 내 입에 파수꾼을 세우고 하늘의 언어로 삽시다. (잠 10:18-21)

7. 하나님 앞에 마음을 다하여

재래시장을 가면 깎는 재미, 덤 얻는 재미 몽땅떨이 등등 솔솔 얻어 오는 재미가 있다. 이 재미에 재래시장 가는 사람들이 많다.

그러나 세상 것은 비싸도 싸도 흥정이 오가며 더 받으려 더 깎으려 하는 큰 소리들이 오가는데 교회는!

교회에서는 습관적으로 깎는 성도 되지 말라. 예배시간 깎고 줄이고 헌금도 깎고 졸라매면 영양실조! 살 못 찐다. 하나님과 통하지도 않을 흥정하지도 말고. 아무리 바빠도 예배시간(소홀) 늦지 말라.

일주일 중 한 시간도 온전히 못 드리고 늦잠 자고 밥 먹고 일보고 일주일 내내 하던 일 때문에 귀한 시간을 토막내 드린다면 이 얼마나 염치없는 모습이란 말인가?

우리의 허점을 노리는 사단의 졸개들은 습관을 올무 걸이로 잡고 느긋하게 허용하고 있음에 속지 마시기를 권면한다. (벧전 5:8-9)

8. 하나님은 복 주시기를 원하신다

하나님은 우리에게 복 주시기를 원하신다. 그러나 먼저

"주라 그리하면 너희에게 줄 것이니 곧 후히 되어 누르고 흔들어 넘치도록 하여 너희에게 안겨주리라" (눅 6:27-38)

고 하신다.

우리의 작은 선행도 기억하시는 하나님은 주는 것이 받는 것보다 복되다고 하셨으니(행 20:35) 이웃을 대접하고 손을 펴되 원수까지 사랑할 수 있는 진실한 마음이어야 하겠다.

"너희가 만일 너희를 사랑하는 자를 사랑하면 칭찬 받을 것이 무엇이뇨 죄인들도 사랑하는 자를 사랑 하느니라" (32절)

편견 없는 그리스도의 사랑! 받은 대로 나눕시다. 할렐루야.

9. 나는 개입니다

　부모가 자식이 병들어 고통받는 것을 보고만 있지는 못할 것이다. 숨이 넘어갈 듯한 여자의 목소리가 주님의 등 뒤에 따라온다.

　"가나안 여자 하나가 그 지경에서 나와서 소리질러 가로되 주 다윗의 자손이여 나를 불쌍히 여기소서 내딸이 흉악히 귀신 들렸나이다하매 주님의 말씀은 차갑기만 하다. 자녀의 떡을 취하여 개들에게 던짐이 마땅치 아니하니라" (마 15:21-28)

　여인은 절박했다. 예수님을 놓치면 안 된다. 딸을 고쳐야 한다.
　주여 옳습니다! 나는 갭니다. 그러나 개들도 주인의 상에서 떨어지는 부스러기로 삽니다. 이 믿음의 호소는 딸을 고쳤고 주께 큰 믿음을 인정받았다. (마 15:21-28)

10. 내가 죄인 중에 괴수니라

사람이 살다 보면 실수를 하거나 본의 아니게 또는 모르는 사이 죄를 짓기도 한다. 물론 잘못 알 때도 죄를 짓는다.

바울은!

"내가 전에는 훼방자요 핍박자요 포행자이었으나 도리어 긍휼을 입은 것은 내가 믿지 아니 할 때에 알지 못하고 행하였음이라 하나님을 잘못 알았을 때는 열심만 있었다 스데반이 돌에 맞아 죽을때도 다메섹 도상에서 주를 만나기까지도. 그럼에도 하나님은 저를 변화시켜 충성된 일꾼으로 쓰셨으니 받은 은혜에 감사하며 내가 죄인 중에 괴수라고 고백한다" (딤전 1:12-17)

큰 은혜를 몸에 채우고 평생을 충성할 수 있었던 바울은 부활하신 주님을 만난 후 다시 낮아진다.

"맨 나중에 만삭되지 못하여 난 자 같은 내게도 보이셨느니라" (고전 15:1-11) 아멘.

바울은 함께하신 하나님께 모든 영광을 돌린다.

11. 사모하는 영혼을 만족케 하시다 (시107:9)

하나님은 우리에게 항상 좋은 것 주시기를 원하신다. 그러나 말씀을 믿고 은혜를 사모해야 한다. 에스더가 민족을 위하여 금식하며 왕 앞에 죽으면 죽으리라 나아갔을 때 역전의 하나님은 일하셨다. (에 4:16)

성령을 사모해야 한다. 하나님의 일은 성령 받아야 한다. 내 생각 다 내려놓고 하나님의 뜻을 구할 때 성령은 베드로에게 3000명이나 전도할 수 있는 충만함을 주셨다. (행 2:38)

성전을 사모해야 한다. 성전에서 기도하는 것을 응답받지 못하는 사람은 없다. 한나는 성전에서 자식을 놓고 기도하므로 사무엘을 선물로 받았다. (삼상 1:1-28)

말씀을 찾아 읽으시기를 권면한다.

12. 아버지가 찾는 자 (요4:23-24)

부모는 자식이 안 보이면 찾으신다. 자식이 그 마음을 헤아려 항상 가까이하며 그에게 기쁨을 드려야 한다.

아버지가 찾는 자는 예배드리는 자이다. 진심을 다해 예배드림은 우리에게 마땅하나 그는 기뻐 찾으시며 만나기를 원하신다. (요 4:23-24, 찬317)

아버지가 기다리는 자는 집 나가고 실족하고 병들고 가난하여 세상 등지고 아버지를 찾는 자이다. 아버지는 오늘도 우리가 돌아오기만을 애타게 기다리신다. (눅 15:11-32)

항상 예배로 영광을 돌리며 우리의 아버지께 감사드리자.

13. 긍정과 부정

　말씀을 듣는 것에서 이제는 전하는(행동) 자가 되어라. 긍정적인 사람은 잘하지 못해도 네 해볼게요라는 대답으로 끝나지만 부정적인 사람은 이유가 많다. 그 사람의 대답은 할 수 없다이다.
　신앙엔 적극적인 신앙과 부정적인 신앙 두 부류가 있다. 적극적인 신앙은 믿음으로 하나님이 함께 하신다. 고로 할 수 있다고 믿는다. 부정적인 신앙은 내가 하려고 하니 할 수 없다는 소리다.

　"예수께서 이르시되 할 수 있거든이 무슨 말이냐 믿는 자에게는 능치 못할 일이 없느니라 하시니" (막 9:23) 아멘.

14. 혼자서도 가능한 일

전도할 때 처음(초신자) 힘들 때는 도움도 청하지만 그물을 던지던지(장소를 먼저 물색) 하면 혼자서도 얼마든지 가능하다.

고기가 많이 차면 만선의 기쁨을 벗과 가족이 함께 나누라.

전도를 할 때는 성령의 충만함이 가득하여 감사하고 잘 웃고 인사도 많이 하게 되니 몸도 맘도 가볍다. 결국 하나님의 일을 한 것이니 하나님을 기쁘시게 해드렸고 또한 같은 목적(영혼구원)을 이루게도 되는 것이다.

"칠십인이 기뻐 돌아와 가로되 주여 주의 이름으로 귀신들도 우리에게 항복하더이다 너희 이름이 하늘에 기록된 것으로 기뻐하라" (눅 10:17-20)

아멘 믿습니다.

15. 순종 (1)

누구나 쉽게 할 수 있는 것이 순종이라면 제사보다 낫다고 말씀하지는 않으셨을 것이다. (삼상 15:22)
우리는 충분히 복이 되는 것을 알아도 하지 않거나 하지 못한다. 그러나 즐거운 일로 여겨지며 습관만 된다면 우리 삶은 달라질 것이다.

"너희가 즐겨 순종하면 땅의 아름다운 소산을 먹을 것이요" (사 1:19)

뿐만 아니라

"네가 네 하나님 여호와의 말씀을 순종하면 성읍에서도 복을 받고 들에서도 복을 받을 것이며…여호와께서 너를 위하여 하늘의 보고를 열으사 네 땅에 때를 따라 비를 내리시고…"

머리가 될지언정 꼬리가 되지 않게 하시겠다는 순종과 불순종의 관한 말씀이 신 28에 나열되어 있다.
참고하시기 권면한다.

16. 하나님은 기도를 들으신다

그리스도인은 요행을 바라지 않는다. 기도하지 않으면 응답도 결과도 없다. 예배를 중요하게 생각하지 않는 사람은 하나님을 망령되이 일컫는 자다. 예배드리는 횟수가 점점 줄고 내 맘과 내 뜻대로 살아보았더니 무엇이 좋아졌는가.

"이르시되 기도 외에 다른 것으로는 이런 유가 나갈 수 없느니라" (막 9:29)

어찌 기도의 능력이 치유뿐이랴. (막 9:14-29)
하나님 없는 기쁨과 형통은 잠시뿐임을 알자.

17. 숙성

과일도 무르익어야 달고 맛있다. 사람도 믿음으로 단련되어야 겸손의 향기가 나며 술도 발효와 숙성이 잘 되므로 질 좋고 맛있는 술이 된다.

또한 신앙도 환난과 고난을 통과하며 숙성되어야 말랑말랑 순종 잘하는 성도가 된다.

"사랑은…모든 것을 참으며 모든 것을 믿으며 모든 것을 바라며 모든 것을 견디느니라" (고전 13:1-13)

사랑도 오래 참음으로 완성됨을 고전 13장을 통해서도 알 수 있듯이 신앙생활도 말씀을 자양분 삼아 기도하며 앞으로 나아갈 때 우리도 그리스도로 맛 들어가는 하나님의 자녀들이 다 될 줄 믿는다.

18. 믿음은 고난 중에 자란다

　곤충의 등딱지 같은 투박한 겨울코트가 무겁다. 봄이 눈 비비고 노오란 금빛 흩뿌려 내릴 때 땅이 소리도 내지 않고 숭숭 숨구멍을 낸다. 꼭 닫았던 우리의 마음도 봄 단장하고 믿음의 씨를 심어 열심히 가꾸어 보자.
　믿음은 세상 것 등지고 버렸다는 의미다.

　"예수께서 일러 가라사대 네게 무엇을 하여 주기원하느냐 소경이 가로되 보기를 원하나이다 예수께서 이르시되 가라 네 믿음이 너를 구원하였느니라" (막 10:46-52)

　소경이 눈을 뜬다는 자체는 성령의 힘이며 보기를 원한다는 말도 믿음을 고백한 것이다.
　우리도 큰 믿음 갖고 주의 일에 기둥같이 쓰임 받자.

19. 하나님과 함께 일하라

    신앙이 병들면 주의 종의 말이 듣기 싫고 오히려 사람을 의지하고 말씀을 외면한다. 바로 아사왕이 36년 동안이나 하나님을 잘 섬기더니 동족과의 전쟁을 위해 이방 세력과 손을 잡고 성전의 보화를 더럽히는 등 교만하기 이를 데 없자 선견자가 이를 책망하니(대하 16:7-) 옥에 가두어 버린다.
    민 6:22-27에서는 주의 종의 축복권에 대해 말씀하신다.

    "여호와께서 모세에게 일러 가라사대 아론과 그 아들들에게 고하여 이르기를 너희는 이스라엘 자손을 위하여 이렇게 축복하여 이르되… 그들은 이같이 내 이름으로 이스라엘 자손에게 축복할지니 내가 그들에게 복을 주리라" (민 6:22-27)

    주의 종이 축복할 때 하나님도 복을 주신다.
    말씀을 꼭 찾아 읽기를 권면한다. (대하 16:1-14)

20. 그릇은 깨끗해야 쓰고 싶다

교회 안에 이단적인 행동을 하는 성도들이 종종 있음을 우리는 안다.

"그러므로 누구든지 이런 것에서 자기를 깨끗하게 하면 귀히 쓰는 그릇이 되어 거룩하고 주인의 쓰심에 합당하며 모든 선한 일에 예비함이 되리라" (딤후 2:21)

바로 이런 것이란!
딤후 2:16-19절에 나타난 이단적 사상과 불의다. 경건치 아니 함으로 점점 나아가니 많은 이들의 믿음을 무너뜨리는 결과를 낳는다.

21. 생명의 능력

  심지도 않은 담쟁이 떡잎이 어느 날 큰 나무 발가락 틈에서 올라왔다. 며칠 후에 보니 쫀득쫀득 한 파란 잎이 촘촘히 서서 창틀을 턱걸이하더니 어느새 갈라진 벽에 발가락을 뻗어 디딤을 삼고 창살의 목을 조이고 있었다.
  담쟁이는 약하지만 생명이 있기 때문에 즉 뿌리를 내렸기 때문에 살 수 있는 것이다.
  말씀 듣는 것이 잘 심어져야 잘 자란다. (마 13:3-9)
  좋은 땅에 떨어지매 백배의 결실을 하였느니라. (요약)
  요동하는 마음 예수께 뿌리내려라.
  중심 잡고 살게 하신다.

22. 귀 기울여 보면

가을이 지나가며 말하네요.
기다리라고 지금처럼 그렇게 있어준다면 꼭 다시 온다며 가기도 전에 그리운데 어떡해. 속으로 말하며 가슴에 담고 보냅니다. 빨간 가을을 제가 좋아하거든요. 생명의 주인에게 기도해야겠어요.

"무릇 하나님의 행하시는 것은 영원히 있을 것이라 더할 수도 없고 덜할 수도 없나니 하나님이 이같이 행하심은 사람으로 그 앞에서 경외하게 하려 하심인 줄을 내가 알았도다" (전 3:14, 전 1:4)

땅은 영원히 있으나 세대는 바뀌니 여러분이여 오늘도 최선을 다하여 삽시다.

23. 석녀

　나 보다 못한 사람이 없다고 생각하는 사람은 누구를 업신여기거나 교만한 행동을 하지 않는다. 그러나 사울의 딸 미갈은 남편이자 하나님의 사랑 하는 자 다윗을 업신여긴 죄로

　"그러므로 사울의 딸 미갈이 죽는 날까지 자식이 없으니라" (삼하 6:16-23)

　불행한 삶을 살았다.
　남편 하찮게 여기지 말라. 네 남편을 네가 하찮게 여기는데 누가 네 남편을 높여줄까?
　남편이 낮아지면 나는 더 낮아지는 것을 알아야 한다. 다윗은 가족을 축복하려 했지만(20절) 안타깝게도 미갈은 자식도 낳아보지 못한 굳은 몸 석녀로 살았다.

24. 정죄

　하나님의 종은 잘해도 못해도 하나님께서 다루신다. 모세가 구스 여자와 재혼한 것이 형제들에게 왜 정죄와 비방을 받아야만 했을까?
　힘든 일 다 같이 해놓고 신앙에 병이 드니 슬그머니 질투도 시기도 내 속에서 꿈틀댄다. 아론과 미리암의 생각은 어쩜 우리가 모세보다 못한 것이 뭔데?
　그러나 하나님은 모세 편에 계셨다.

　"너희가 어찌하여 내 종 모세 비방하기를 두려워 아니하느냐…… 그들을 향하여 진노하시고 떠나시매…… 미리암은 문둥병이 들려 눈과 같더라" (민 12:1-16)

25. 입장 바꾸면 어떨까

　인간은 먹고 싸며 뱉고 풀고 산다.
　우리 몸속에는 똥도 코도 침도 들어 있는 줄 모르는 사람이 없다.
　다만 그것이 밖으로 나와 보이지 않기 때문에 그 사람의 예쁜 모습만 본다. 그것이 몸속에 있을 때는 몰라도 밖으로 나오면 충분히 더럽다.
　일행과 식사를 하다 식탁에 놓인 냅킨으로 소리 내어 코를 풀어낸다거나 침을 뱉는다. 가장 청결하고 위생적이어야 할 밥상 예절은 실종, 지식을 겸비한 나이 지긋한 이들이…
　하는 사람은 당연하지만 안 하는 사람은 구역질을 밥과 함께 삼키며 주여 고쳐주옵소서
　나이 들수록 곱고 아름답게 청결해야 멋쟁이다.
　젊은이들은 깨끗한 노인을 상대한다.

4부 * 신앙의 균형 잡기

1. 신앙의 균형 잡기
2. 요동하지 말라
3. 성도의 삶은
4. 나는 어떤 성도인가?
5. 빛이 되어라
6. 소금이 되어라
7. 마음을 기경하라
8. 나그네길
9. 현명한 여자들
10. 음란한 여자
11. 불순종의 길 (1)
12. 불순종의 길 (2)
13. 순종 (2)
14. 공동체 생활
15. 기도합시다 (1)
16. 기도합시다 (2)
17. 기도합시다 (3)
18. 구원
19. 현관문이 잠겼다
20. 주님도 기도하셨다
21. 신앙 관리하자
22. 새벽기도
23. 우선순위
24. 심방 거절 성경적인가?
25. 아직도 봄은 설레요

1. 신앙의 균형 잡기

균형이 무너지면 넘어질 때가 많다. 특히 한발로 서보면 잘 알 수 있는데 그렇다고 두발로 섰다고 넘어지지 않는 것은 아니다.

그런즉 선줄로 생각하는 자는 넘어질까 조심하라. 항상 말씀에 주의하여 사울처럼 월권이나 이스라엘 백성들처럼 간음이나 우상숭배에 빠지지 말라 (삼상 13:8-15)

말씀밖에 넘어가면 누구든지 넘어질 수 있음을 알고 항상 거룩한 자리에서 겸손하라.

2. 요동하지 말라

믿음으로 기도한 것은 이미 받은 것이니 염려할 필요가 없다. 사단은 밀 까부르듯이 키질하나 우리는 주의 은혜 안에 있기 때문에 겁낼 것도 없다.

"아무것도 염려하지 말고 오직 모든 일에 기도와 간구로 너희 구할 것을 감사하므로 하나님께 아뢰라" (빌 4:6)

우리 하나님은 나의 내일을 아신즉 신속히 일하시며 사단의 세력들은 쇠락하고 말 것이다.

할렐루야! 주안에서 자유합시다.

3. 성도의 삶은

성도의 삶은 자기의 유익만 추구할 것이 아니라 이웃의 유익도 위하여야 함은 선한 사마리아인이
큰 귀감이 된다. (눅 10:30-37)
남을 낫게 귀하게 여겨야 한다. 사람은 사랑이 식어질 때 자꾸 허물을 들춘다. 넘어진 사람 일으키고, 돕고, 덮어주는 예수님은 일흔 번씩 일곱 번까지도 용서하라 하셨다.
이것이 바로 예수님의 이기는 방법 즉 사랑을 가지고 이기라는 말씀이다.
얼굴이 화끈거리며 부끄러울 정도로 사랑하라.
그리고 선으로 악을 이기라. (롬 12:17-21)
할렐루야!

4. 나는 어떤 성도인가?

우리나라에는 교회도 많고 성도도 많다. 그들이 교회에서처럼 가정과 사회에서도 믿음의 교훈을 받은 대로 살까?

사도바울은 고린도 교인들에게 매우 일상적인 일까지도 주의 영광을 위하여 하라고 가르치고 있다.

"그런즉 너희가 먹든지 마시든지 무엇을 하든지 다 하나님의 영광을 위하여 하라" (고전 10:31)

누구든지 하나님의 영광을 위하여 살고자 하는 사람만이 인생의 목적을 성취할 것이요, 하나님을 기쁘시게 하므로 자신의 기쁨도 충만하게 될 것이다.

5. 빛이 되어라

 빛의 역할은 드러나는 것이며 높이 있어 밝히며 비추는 것이다. 주는 참 빛으로 이 땅에 오셔서 어둠을 멸하시고 세상을 구원하셨다. 구원을 얻은 우리는 빛 가운데 있으니 빛을 발하는 것은 당연한 일이다. (마 5:14-16)

 "그 안에 생명이 있었으니 이 생명은 사람들의 빛이라" (요 1:1-18)

 "이같이 너희 빛을 사람 앞에 비추게 하여 저희로 너희 착한 행실을 보고 하늘에 계신 너희 아버지께 영광을 돌리게 하라 아멘" (마 5:16)

6. 소금이 되어라

언제 어디서나 맛을 내는 성도, 세상에 맛을 주고 삶에 간을 쳐 주는 사람은 누구나 좋아하는 사람이다. 소금은 녹아야 맛이 나며 또한 제 역할을 하는 것이니 맛있게 녹고 썩지 않도록 부지런히 찾아다니며 녹으라.

"너희는 세상의 소금이니 소금이 만일 그 맛을 잃으면 무엇으로 짜게하리요 후에는 아무 쓸데없어 다만 밖에 버리워 사람에게 밟힐 뿐이니라" (마 5:13)

7. 마음을 기경하라

하나님은 참 농부시다. 그는 때를 따라 비나 빛도
주시며 사이사이 바람을 불어 척박한 땅을 가꾸신다.
(신 11:14) 땅이(마음 밭) 좋으면 농사가 잘된다.

"더러는 좋은 땅에 떨어지매 혹 백배 혹 육십배 혹 삼십배의 결실을 하였느니라" (마 13:8)

하나님이 좋아하시는 농사법은 백배의 결실이다. 우리 밭에 가시덤불, 쓴 뿌리 다 치워 버리고 날 잡아 대청소합시다.

8. 나그네길

세월도 정거장이 있었으면 좋겠다. 너무 과속하면 벌금을 물고 때로는 몸살감기로 끙끙 꼼짝 못 했으면 좋겠다. 형의 눈을 피하고자 외가로 잠시 나선 길이 험악한 나그네 길이 된 야곱!

"야곱이 바로에게 고하되 내 나그네 길의 세월이 일백 삼십년 이니이다 나의 연세가 얼마 못되니 우리 조상의 나그네 길의 세월에 미치지 못하나 험악한 세월을 보내었나이다하고 나이를 묻는 바로에게 긴 대답을 한다" (창 47:9)

우리는 모두 나그네다. 세월을 아끼며 올곧게 살자. 팥죽에 연연하지 않아도 하나님은 우리를 먹이고 입히신다.

9. 현명한 여자들

이스라엘의 인구가 늘어나자 위기의식을 느낀 애굽은 가혹한 노동착취에 남아 살해라는 정책을 편다. 애굽 왕이 히브리 산파 십브라라 하는 자와 부아에게 남자면 죽이고 여자면 살려두라 했건만 그러나 산파들이 하나님을 두려워하여 애굽 왕의 명을 어기고… (출 1:15-16)

할렐루야. 자기들의 목숨을 걸고 지켜낸 생명!

애굽 왕의 책망에도 거뜬히 받아넘기는 지혜로운 여인들. 하나님은 산파들에게 은혜를 베푸셨다. (출 1:17-21)

백성은 생육이 번성하고 강대하며 그들의 집은 왕성케 하셨다. 사람 말 듣는 것보다 하나님을 더 경외하였던 현명한 여인들은 이스라엘 역사와 함께 한다. (출 1:1-22)

10. 음란한 여자

한 남자의 아내로 부족함 없는 생활 속에서 뱀을 연상케 하는 혀로 달콤한 말을 흘린다.(잠 7:16-18) 남자를 삼키는 악한 여자(보디발의 처) 복 있는 남자의 인생을 망가뜨리며 파괴시키는 가정 속의 음란.

"그후에 그 주인의 처가 요셉에게 눈짓하다가 동침하기를 청하니… 요셉이 거절하며… 듣지 아니하여 동침하지 아니할 뿐더러 함께 있지도 아니하니라" (창 39:7-10)

음란은 우리 가까이 있다. 가정에, 교회에, 우리 맘속에 고로 몰아내고 경계하라. 간통은 하나님께 큰 죄다. 점점 적극적으로 다가와 지켜보다가 파멸로 이끈다. 순결을 지켜야 한다. 우리는 나중의 결과를 믿는 것, 보는 것, 그것이 하나님을 신앙하는 우리의 자세다. (창 39:1-23, 잠 7장)을 꼭 읽으시기를 권면한다.

11. 불순종의 길 (1)

내 길은 다시스가 아니다. 부끄럽게도 제비 뽑혀 바다에 던져지니 풍랑은 요나로 인함이라. 니느웨로 가라는 말씀에 불순종하고 다시스로 가는 배를 탄 것이 원인이었다.

"여호와께서 대풍을 바다위에 내리시매 바다 가운데 폭풍이 대적하여 배가 거의 깨어지게 된지라" (욘 1:-4)

순종은 순풍이지만 불순종은 어둠의 악몽이다. 한 성읍에 회개운동의 계획을 세우신 하나님의 뜻을 요나는 모른 것이 아니라 하기가 싫었던 것이었다. 믿는 자의 길은 불순종의 길이 아니며 또한 하고 싶은 것만 하는 것이 순종이 아님을 알자. (욘 1장)

12. 불순종의 길 (2)

　내 길은 엠마오가 아니다. 십자가에서 예수님이 죽으심은 제자들뿐 아니라 모르는 이가 없이 소문이 자자했다. 그러나 살아계실 때 수없이 들었던 부활은 예수 죽음 확인 후 믿지 않았다. 그래서 엠마오라 하는 곳으로 내려가다가 예수님을 만나게 된다.

　"예수께서 가까이 이르러 저희와 동행하시나 저희의 눈이 가리워져 그인줄 알아보지 못하거늘" (눅 24:13-4)

　믿음 좋다고 말하지 말라. 우리는 잠시라도 예수 떠나면 영혼이 어두워지고 삶이 칙칙하여 우울해진다. 그리스도인들은 엠마오(세상)로 내려가서는 절대 안 된다.

13. 순종 (2)

 모든 그리스도인은 이론을 피할 것이나 지도자는 더욱 그러할 것이라. 내가 이론을 들어 예배나 전도, 봉사에 충성을 못한다면 그것은 바로 하나님을 대적하는 일이 된다. 사울이 이유와 변명으로 가장 좋은 것을 취하여 둠에도 그것이 불순종이 되었던 것을 우리는 잘 알고 있다. 교회 일은 따라주고 모이며 협력하라.
 믿음은 행함으로 표현된다. 하나님을 대적하는 이론을 세우지 말라.

 "모든 이론을 파하며 하나님 아는 것을 대적하여 높아진 것을 다 파하고 모든 생각을 사로잡아 그리스도에게 복종케 하니" (고후 10:4-6 참고: 삼상 15:4-9)

 말씀을 꼭 찾아 읽으시기를 권면한다.

14. 공동체 생활

교회생활은 공동체적으로 움직인다. 마치 한 사람의 몸처럼 말이다. 이것이 성경이다. 초대 교회부터…

"만일 한 지체가 고통을 받으면 모든 지체도 함께 고통을 받고 한 지체가 영광을 얻으면 모든 지체도 함께 즐거워하나니" (고전 12:26)

우리가 하나인 줄 알고 모든 일에 협력하며 덕을 세우는 일에 힘을 써야 하며 모든 생활이 다 그러하지만 가정생활, 공동체 생활을 잘 이끌어 본이 되도록 살아야 한다.

"성도들의 쓸 것을 공급하며 손 대접하기를 힘쓰라 즐거워하는 자들로 함께 즐거워하며 우는 자들로 함께 울라" (롬 12:3-21)

찾아 읽으시기를 권면한다

15. 기도합시다 (1)

　솔로몬은 일천번제로 신앙 중심을 잡았다. 우리도 중심 잡기 하자. 솔로몬은 신비한 체험 중 하나님과 영적으로 하나 되는 경험을 했다.
　기도할 때 하나님은 일하신다.

　"기브온에서 밤에 여호와께서 솔로몬의 꿈에 나타나시니라 하나님이 이르시되 내가 네게 무엇을 줄꼬 너는 구하라" (왕상 3:1-15)

　솔로몬의 기도는 오직 지혜였다. 지혜로운 마음으로 선악을 분별하여 주의 백성을 잘 다스릴 수 있도록 오직 지혜를 구했다.
　솔로몬의 구하는 기도가 주의 마음에 맞은지라 구하지 않은 것까지 얹어 응답해 주셨다.
　언제나 넘치도록 주시는 하나님 여러분도 기도 응답을 믿으며 본문 말씀을 꼭 찾아 읽으시길 바란다.

16. 기도합시다 (2)

　일천번제를 드리며 솔로몬은 얼마나 힘들었을까? 우리의 삶도 늘 서서 섬기는 자리에 있어야 한다. 매일 죽 끓는 삶을 살지 말고 섬기는 일에 일관하자. 천 번의 제사란 쉬운 일이 아니다.
　신앙생활 쉽게 하려 하지 말고 최선을 다하라.
　네 마음을 다하고 목숨을 다하고 뜻을 다하여 주 하나님을 섬기자.
　겸손히 그가 구한 것은 지혜였던 것처럼 미련한 우리도 마땅히 지혜를 구하여 선으로 이기며 살자. (왕상 3:1-15)

17. 기도합시다 (3)

걱정 근심에 눌려 사로잡혀있는가. 사단이 주는 생각임을 알자.
주님은 당부하셨다.

"아무것도 염려하지 말고 오직 모든 일에 기도와 간구로 너희 구할 것을 감사함으로 하나님께 아뢰라 그리하면 모든 지각에 뛰어난 하나님의 평강이 그리스도 예수 안에서 네 마음과 생각을 지키시리라" (빌 4:6-7) 아멘

그러므로 시간을 허비 말고 기도하라. 그리고 말씀을 묵상하며 읽고 또 읽어보자. 말씀의 운동력이 능히 내 속에 역사하심을 믿게 될 것이다.

18. 구원

죄가 없다고 큰소리치는 사람들 저들은 모르고 있다. 하나님을 믿지 않는 것이 죄인 줄을. 그러므로 우리는 할 일이 많다.

"모든 사람이 죄를 범하였으매 하나님의 영광에 이르지 못하더니" (롬 3:23)

"사람이 마음으로 믿어 의에 이르고 입으로 시인하여 구원에 이르느니라" (롬10:10)

우리 모두는 죄인이 분명하나 예수님을 믿음으로 구원을 얻고 죄사함을 얻습니다.

19. 현관문이 잠겼다

내가 문 열어주지 않으면 아무도 내 집에 못 들어온다. 이웃도 부모도 못 들어온다. 그래서 전도하기 힘들다.
주님도 말씀한다.

"볼찌어다 내가 문밖에서 두드리노니 누구든지 내 음성을 듣고 문을 열면 내가 그에게로 들어가 그로 더불어 먹고 그는 나로 더불어 먹으리라" (계 3:20)

마음에 문빗장도 잠갔다. 안에서만 열어야 하는 잠금장치 밖에서는 어떤 열쇠로도 안된다.(인격적인 하나님을 마음 문 열어 초대해야 한다) 또한 귀를 막았다 열고 싶을 때만 열어서 듣고 싶은 말만 골라서 듣는다. 물론 아무 말이나 다 들어서는 안 되나 성경말씀은 백 프로 다 들어야 한다.

20. 주님도 기도하셨다

우리는 기도가 필요하다. 주님도 늘 기도하셨다. 하나님의 아들이심에도… 우리가 무슨 배짱으로 기도를 외면하는가.

"이때에 예수께서 기도하시러 산으로 가사 밤이 맞도록 하나님께 기도하시고 밝으매 그 제자들을 부르사 그 중에서 열둘을 택하여 사도라 칭하셨으니" (눅 6:12-16)

예수님도 이 일을 앞두고 철야하셨다. (문제가 있을 때 뿐 아니라 일상생활이 기도하는 시간처럼 올무에 걸리지 않게 살라)
예수 믿는 사람다운 삶을 지향하라.
신앙생활은 기도가 꼭 필요하다.

21. 신앙 관리하자

인맥관리보다 더 중요한 것이 신앙 관리이다. 말보다 앞서야 하는 것이 행동이고… 말이 풍성한 사람이 맘도 정성도 풍성하면 좋을 텐데 아버지&사랑이라는 말은 입버릇처럼 쓰면서도 병든 노인을 함부로 대하며 무시하는 경우를 종종 본다.
좋은 일은 다하고 사는 사람처럼 보이더니…
그러지 말아야 할 레위인도 제사장도 곤경에 처한 이를 외면하고 지나쳤으니 인간의 본질적 밑바닥 죄성을 본다.

"나무는 각각 그 열매로 아나니 가시나무가 무화과를 또는 찔레에서 포도를 따지 못하느니라" (눅 6:43 / 눅 10:25-37)

22. 새벽기도

동이 트기 전, 하루가 시작되는 첫 머리에 늘 기도하셨던 주님. 신성한 하루를 받아놓고 감사부터 하셨던 주님. 예수님을 따르는 자라면 가장 우선 되어야 하는 것이 그를 닮는 기도 생활이다.

하루를 시작하며 먼저 하나님과 마주 앉아, 오늘을 맡기며 기도하라. 새벽에 하나님이 도우시리로다. (시 46:5)

"아무것도 염려하지 말고 오직 모든 일에 기도와 간구로 너희 구할 것을 감사함으로 하나님께 아뢰라" (빌 4:6)

주님 본받아 새벽기도 시작하시기를 권면합니다.

23. 우선순위

하나님의 말씀보다 우선하는 것은 없다. 선한 일이라 할지라도 말씀을 제쳐놓고는 그 어떤 것도 먼저가 될 수 없음을 성경은 말한다.

"열두 사도가 모든 제자를 불러 이르되 우리가 하나님의 말씀을 제쳐놓고 공궤를 일삼는 것이 마땅치 아니하니… 우리는 기도하는 것과 말씀 전하는 것을 전무하리라하니" (행 6:2-4)

교회는 말씀 곧 복음이 먼저 전파되어야 할 것이며 공궤는 자연스레 갖춰지는 덕목이다. 기도를 전념할 것이며 합력하고 분담하여 맡겨진 일을 감당하자. 많은 이들로 구원을 얻게 하실 줄 믿는다. (행 6:1-7)

24. 심방 거절 성경적인가?

고넬료는 주의 종을 영접하기 위해 기도하고 만반의 준비를 하며 온 가족을 불러 모아 놓고 기다리고 있다. 고넬료는 심방을 온 가족이 사모하는 축제로 준비했다. 이것보다 더 감격스런 일이 있을까.

"이튿날 가이사랴에 들어가니 고넬료가 일가와 가까운 친구들을 모아 기다리더니 마침 베드로가 들어올 때에 고넬료가 맞아 발 앞에 엎드리어 절하니" (행 10:24-25)

이것이 고넬료의 갈급하고 사모하는 심령의 상태였다. 베드로가 말씀을 전할 때 듣던 모든 이들이 성령을 받았고 또 세례를 받았다. 우리는 이방인 고넬료를 보며 선민의 특권의식 유대인의 발목을 잡고 있는 나르시즘이 (10:28-29) 내 속에도 있지 않나 살펴보며 심방합시다.
하시면 아멘으로 받으라. (참고 행 10장)
고넬료의 가정처럼 축복이 임할 줄 믿으며 할렐루야.

25. 아직도 봄은 설레요

냉기 걷히는 앞산들에
빛의 알들이 샛노랗게 쏟아진다
눈웃음 흘리며 비켜선 쨈 같은 한낮
지열이 어깨춤을 추니
쌀쌀맞던 정이월도 신발 신고

양수가 터진 개울 밑 얼음장은
쉼 없이 물방울을 낳는다
동글동글 떨어져 모이고
경쾌하게 엉키는 생명
조르륵 흘러닿는 곳마다
말없이 자기를 나눈다

시시콜콜한 곳까지 살리는
아! 자연의 젖줄 문 봄의 숨이여
길동무도 한 모금 물고 가며 외친다
너희여 환영하며 찬미한다

5부 * 감동있는 삶

1. 감동있는 삶
2. 인생 가을
3. 변화된 여인 (요 4:3-30)
4. 사마리아 여인
5. 입에 자크를 채우라
6. 옛 구습을 벗어라
7. 과거를 디딤돌 삼아 현재를 보라
8. 용서
9. 말씀 먹는 시간을 늘려라
10. 하나님은 우리를 버리지 않으신다
11. 자연을 통해 인생을 배운다
12. 눈물의 기도
13. 말하는 자와 묻는 자
14. 생각
15. 마음의 문
16. 믿음의 문
17. 성전의 문
18. 양의 문
19. 바람직한 삶
20. 세상에서 가장 힘든 사람
21. 긴 병에 효자 없다지만
22. 거룩한 사람이 되라
23. 기억력
24. 하나님은 자녀를 차별하지 않으신다
25. 경청하는 습관을 갖자
26. 불치병을 고치시는 하늘의 능력

1. 감동있는 삶

달콤한 맛 고소한 맛!
사람들은 삶을 맛으로 표현한다. 이 맛은 참 맛이 아니라 마음으로 느끼는 맛이다.
우리는 행복할 때 살맛 난다고 하고 일이 꼬이고 힘들 때면 죽을 맛이라고 표현하는데 바로 살맛이란 감동 있는 삶이다. 우리가 말씀 안에 살 때에 기쁨과 감동의 삶을 살 수 있다.

"내가 먹으니 그것이 내 입에서 달기가 꿀 같더라" (겔 3:1)
"정금보다 더 사모할 것이며 꿀과 송이 꿀보다 더 달더라" (시 19:7-11)

날마다 단 말씀 맛봄으로 감동 있는 삶을 살자.

2. 인생 가을

　수십 년의 겨울을 살았는데 올해처럼 춥지는 않았다. 세상에 무엇이 낡고 늙지 않는 것이 있을까 만은 초가을부터 추웠던 것이 이상 기온 탓이 아니고 내 몸에 더운 열이 식어가고 있는 것이었다. 아~그래서 다윗이 노년에 아비삭이 필요했었구나.

　"다윗왕이 나이 많아 늙으니 이불을 덮어도 따뜻하지 아니한지라 그 신복들이 왕께 고하되 우리 주 왕을 위하여 아비삭을 얻어 왕께 데려왔으니" (왕상 1:1-4)

　노인 곁에는 신복(자녀)들이 항상 있어서 영혼 육의 즐거움과 편안함으로 살펴드려야 한다.

3. 변화된 여인 (요4:3-30)

  사마리아 여인이 갖지 못했던 것은 만족이었다. 사람에 대해 만족하지 못했다. 고르고 골랐어도 채워지지 않는(내가 추구하는 것들에 초점을 맞추니) 만나보고 살아봐도 만족함이 없었다.
  인간은 관계 속에서 살게 되어있다.
  내가 얻을 것이 있으므로 만나는 만남은 당연히 실망, 실패만 있다. 주님은 네 남편을 데려오라고 하지만 남편이 없다고 말할 수밖에 없는 여인은 우물가에서 주님을 기적처럼 만나 그의 삶은 180도 변했다. 사람들 속으로 들어가 전도자가 되어 예수를 증거한다.
  여러분이여 막막한가? 오늘 주님 만나 해결 받읍시다.

4. 사마리아 여인

사마리아 여인이 갖고 있었던 문제들은 자기 안에 있었다.

대인기피: 여인은 사람과의 교제 속에서 소통할 수 있는 것들로부터 고립, 그러므로 외롭고 재미없고 만족이 없었다.

자신을 학대: 뜨거운 낮에는 보통 사람들이 낮잠을 즐기는데 일부러 그 틈을 타 물을 길었다. 심적 육적 눌림에 무거운 물동이까지 자신을 학대하는 처사였다.

집착: 남편 다섯을 바꿀 정도로 방탕한 생활을 하면서도 얻고자 했던 것을 얻지 못했다. 물은 마셔도 갈증은 계속된다. 소모하므로 없어지는 것들이기 때문이다. 물질도 사랑도 명예도 아무리 퍼 올려도 면할 길 없다.

세상에서 상했을지라도 주께로 돌이키자.

회복하시는 하나님이 새 삶을 준비하실 줄 믿으며…

5. 입에 자크를 채우라

요즘은 말이 많고 노인이 많은 시대다. 누가 말했는지 몰라도 입은 닫고 지갑은 열라는 말이 요즘 유행인데 얼마나 다행인지 꼭 닮은 잠언의 말씀이니 지키고 보는 것이 내게 유익이라.

"말이 많으면 허물을 면키 어려우나 그 입술을 제어하는 자는 지혜가 있느니라" (잠 10:19, 잠 25:11)

또한 경우에 합당한 말은 아로새긴 은쟁반에 금 사과라 하셨건만 소귀에 경 읽기가 되어 두루 흘리고 다니며 말로 벗과 이웃을 힘들게 한다면 멈추라.
하나님 보시기 민망하고 사람 보기에도
추하여 굄을 얻지 못한다.

6. 옛 구습을 벗어라

습관은 참 고치기가 어렵다. 그렇다고 살던 대로 살고 익숙한 것만 고집한다면 달라질 것은 아무것도 없다. 예수는 믿는다고 하면서 옛사람의 구습을 벗지 못하고 안 믿는 사람과 똑같이 사는 것. 단지 주일날 교회 갔다 온 것 말고는 다른 것이 없다면 지체 말고 회개합시다.

욕심도 심술도 아직 내 속에 꼭꼭 숨어 있다면 예수의 이름으로 끌어내 버리고!

너희는 그리스도를 이같이 배우지 않았거늘

"심령으로 새롭게 되어 하나님을 따라 의와 진리의 거룩함으로 지으심을 받은 새사람을 입으라" (엡 4:17-24)

새사람으로 거듭나기를 주의 이름으로 축복합니다.

7. 과거를 디딤돌 삼아 현재를 보라

불평불만이 가나안의 길을 멀게 한다. (민 14:26-35)

"너희가 그 땅을 탐지한 날수 사십 일의 하루를 일 년으로 환산하여 그 사십 년간 너희가 너희의 죄악을 질지니 너희가 나의 싫어버림을 알리라 하셨다 하라" (민 14:34)

여러분이여 말에도 질이 있음을 알라.
"여호와께서는 이스라엘의 불신과 원망의 소리를 들으시며 너희 말이 내 귀에 들린 대로 내가 너희에게 행하리니"라고 하셨다. (28절)
그러므로 성도는 입술에 파수꾼을 세울 뿐만 아니라 혼자 있을지라도 교훈을 받은 대로 덕을 세워야 한다.
말씀을 찾아 읽으시길 바란다.

8. 용서

하나님 앞으로 나가자.
죄를 지었다면 아담 부부처럼 숨지 말고 용서를 구하라. 그는 언제나 용서할 준비가 되어 우릴 기다리신다.

"여호와께서 말씀하시되 오라 우리가 서로 변론하자 너희 죄가 주홍 같을지라도 눈과 같이 희어질 것이요 진홍같이 붉을지라도 양털같이 되리라" (사 1:18)

셀 수 없는 많은 내 죄를!

"만일 우리가 우리 죄를 자백하면 저는 미쁘시고 의로우사 우리 죄를 사하시며 모든 불의에서 우리를 깨끗케 하실 것이요" (요일 1:9)

아멘 믿습니다 아버지…

9. 말씀 먹는 시간을 늘려라

  기도도 많이 하고 설교 말씀도 많이 듣자. 한쪽으로 치우치지 말고 그렇게 익숙해지지 말라. 언제나 때를 놓치지 말고 처음부터 말씀을 경청하는 좋은 습관을 가질 때 믿음은 성장한다.

  "그러므로 믿음은 들음에서 나며 들음은 그리스도의 말씀으로 말미암느니라" (롬 10:17)

  예배 때에 두리번거리고 감동 없는 표정에 눈까지 감고 있다면 보기 좋은 모습이 아니다. 우리는 예배드리는 모습을 통해서도 그의 믿음을 가늠해 본다. 분명한 것은 먼저 믿은 성도들은 본이 되고 새신자들은 그 본을 따르면 되는 것.
  그러므로 말씀과 기도를 병행할 때 믿음이 자라며 성숙한 신앙생활을 하게 된다.

10. 하나님은 우리를 버리지 않으신다

　다윗과 같이 우리도 때로는 곤경에 처할 때가 있다. 점점 더 힘들어지고 하나님은 벌하실 계획을 세우신다. 그러나 화와 벌을 받을지라도 여호와께 맡기고 받자.
　가정의 불화와 질병, 어려움이 숨 막히도록 조여와도 보이는 것만 보며 낙심 말고 긍휼이 크신 여호와께 맡기라.
　하나님의 본심은 치는 것이 아니다. (그분은 사랑이 많으신 분이시다) 잘못했을 때 회초리를 드실지라도 자기 한 일을 후회할 정도로 우리를 아끼신다.

　"다윗이 인구수를 조사한 후에 그 마음에 자책하고 여호와께 아뢰되 내가 이 일을 행함으로 큰 죄를 범하였나이다" (삼하 24:14-17)

　다윗은 인구조사로 인하여 하나님께 벌을 받으며 회개한다. 아멘.

11. 자연을 통해 인생을 배운다

식물은 거짓 없이 자기 색깔을 표현하지만 인간은 그렇지 않다. 식물의 청춘시절은 봄, 인간도 청춘은 젊음이다. 그러나 아무리 아름답다 할지라도 변하지 않는 것은 없다.

"고운 것도 거짓되고 아름다운 것도 헛되나 오직 여호와를 경외하는 여자는 칭찬을 받을 것이라" (잠 31:30)

믿음을 지키며 세상을 이기는 성도의 삶을 주께서는 꼭 칭찬하실 줄 믿는다.

12. 눈물의 기도

하나님과 나 사이에 기억할만한 추억을 만들라. 히스기야 왕은 죽음 앞에서 기도하기를

"여호와여 구하오니 내가 진실과 전심으로 주 앞에 행하며 주 보시기에 선하게 행한 것을 기억하옵소서 하고 심히 통곡하니라" (왕하 20:1-11)

하나님이 기억하시는 히스기야의 선한 일이라면 통치 시작부터 예루살렘 성전을 수리하고 정결케하며 우상숭배의 단을 제거했으며 유월절을 다시 제정하는 일이었을 것이다.

하나님과 내가 아는 일 병들어 죽게 되었을 때에 추억해달라며 통곡의 기도를 드려 15년이나 생명을 연장 받았다.

그렇다면 우리가 매일 찾는 하나님은 나에 대해 어떤 것을 기억하고 계실까?

13. 말하는 자와 묻는 자

배운 사람은 질문이 많다. 자세히 알 때까지. 무지한 자는 말이 많고 아는 것에 선생 되길 원한다. 고로 지식인은 고개를 숙이고 배움을 즐기나 미련한 자는 말로 자기의 어떠함을 드러내며 선생인 줄 안다. 성경은 내 형제들아 너희는 선생 된 우리가 더 큰 심판 받을 줄을 알고 많이 선생이 되지 말라고 한다. (약 3장)

많이 선생이 되지 말라 함은 가르침을 멈추라는 것이 아니라 인격적으로 언행 불일치나 덕망을 갖추지 못한 자들이 있기 때문이다. 한 입으로 찬송과 저주가, 한 샘에서 단물과 쓴물이 나올 수 없음에도 결국은 우리가 말로 죄를 짓게 되는데 (약 3:10-12)

무의식중에 고개 드는 미련함을 크게 경계하며 겸손하자.

14. 생각

우리 생활에 악한 것들이 드나들면 두렵고 째째하고 만사가 싫어져 심란하고 아플 수 있다. 먼저 속히 깨닫고 엎드리라. 하나님을 찾자.

찬양과 말씀을 소리 내어 부르며 읽어 보자.

현재의 모든 생활권 안에서(가정과 가족, 신앙생활, 직장, 내면의 죄 등) 불필요한 노폐물을 처리하기 위해 기도하라. 누구의 방해도 받지 않는 기도 시간을 가지라.

"이르시되 기도 외에 다른 것으로는 이런 유가 나갈 수 없느니라" (막 9:29)

주님께는 능치 못할 일이 없음을 믿고 할렐루야 주 안에서 자유 합시다. (막 9:14-29)

15. 마음의 문

　마음의 문은 모여서 말씀을 들을 때에 열린다. 바울이 빌립보 전도 중에

　"두아디라 성의 자주장사로서 하나님을 공경하는 루디아라 하는 한 여자가 들었는데 주께서 그 마음을 열어 바울의 말을 청종하게 하신지라 저와 그 집이 다 세례를 받고 내 집에 들어와 유하라" (행 16:13-15)

　마음 문 열리니 꽉 닫혔던 자기 집 문도 활짝 열어 주의 사역자들을 힘껏 도왔다. 루디아로 인하여 바울의 사역은 활기를 얻고 빌립보 교회가 성장하는데 원동력이 되었다.

16. 믿음의 문

마음을 연다는 것이 그리 쉬운 것이 아니다.

그러나 여러분이여! 문 여는 방법은 말씀을 청종할 때임을 알라. 하나님이 믿음을 보시고 일하신다. 주의 말씀 들을 때 믿음을 보고 나면서부터 앉은뱅이 된 자를 고쳐 주셨다.

" 큰 소리로 가로되 네 발로 바로 일어서라 하니 그 사람이 뛰어 걷는지라" (행 14:8-10)

또한 이방인들도 말씀을 들을 때, 믿음의 문이 열렸다.

"… 사람들이 청하되 다음 안식일에도 이 말씀을 하라 하더라… 그 다음 안식일에는 온 성이 거의 다 하나님 말씀을 듣고자 하여 모이니" (행 13:42-44)

말씀이 달고 깨달아져 더 듣기 원하는 저들을 보며 우리도 거룩한 욕심을 냅시다.

17. 성전의 문

하나님의 사람들도 무심하거나 소홀히 여기는 문. 그러나 행복과 안정이 보장된 영혼의 보금자리. 주의 집에서 사는 자들은 복 있는 즉 복받은 자들이다.

"주의 궁정에서 한 날이 다른 곳에서 천 날보다 나은즉 악인의 장막에 거함보다 내 하나님 문지기로 있는 것이 좋사오니" (시 84:1-12)

오늘날 교회를 드나들며 구석구석 내 집 살피듯 섬기는 이들이 있다. 순수한 믿음으로 헌신하며 몸을 드린다. 중심에 찬송과 기도가 넘치니 성령이 충만하다.
하나님의 집에는 문지기 청지기가 많아야 한다. 아멘

18. 양의 문

오늘날 드러나지 않은 삯꾼과 이단들이 너무 많다. 주님은 성경에 말씀하셨으나 우리는 혼란스럽다.

"선한 목자는 양들을 위하여 목숨을 버리거니와 삯꾼은 목자도 아니요 양도 제 양이 아니라 이리가 오는 것을 보면 양을 버리고 달아나나니 이리가 양을 늑탈하고 헤치느니라" (요 10:1-18)

맞다! 이리가 밖에서 온 것이 아니고 안에 있는 삯꾼님이 자기 우릿간에 있는 양들을 입맞 대로 잡아먹은 미투사건 몇몇 교회(목사?) 때문에 세상에 뾰족한 눈총을 받는 교회와 주의 종(삯꾼)을 잘못 만나 깊은 상처를 입은 피해자들.

여러분이여 힘내시고 참 목자 만나기를 축복한다. 참 목자는 오직 한 분 나는 양을 위하여 목숨을 버리노라 . 양의 문 즉 예수 안의 사랑은 푸른초장 쉴만한 물가로 늘 우리를 인도하시며 보호하신다.

양의 우리는 언제나 안전하다. 그러나 삯꾼 이리는 항상 넘으려고 애쓰니

담대한 영적 파수꾼 되어 이기는 삶을 살자.

19. 바람직한 삶

1. 잊고 살자(과거).
슬픔, 배신, 증오의 대상. 가족 간의 섭섭함도 잊고 돈 떼먹고 저주한 놈도 잊고 살자.

2. 잇고 살자.
동료애를 잇고 가족애를 잇고 결단 나고 단절되었던 것들을 잇고 살자. 도움이 안 되는 삯은 밧줄 끊어내고 새롭게 새로움으로 잇고 살자. 주의 사랑의 줄로 (호 11:4)

3. 있게 살자(부하게).
믿음의 부요한 자로 내 속에 믿음이 있게 살자. 배려가 있고, 사랑이 있고, 감사가 있게 살자.
현실적으로는 외양간에 송아지가 없을지라도…모든 것 주께 맡기고 마음의 무릎을 꿇자.

20. 세상에서 가장 힘든 사람

1. 마음이 아픈 사람이 아닐까

사랑하는 사람이 곁을 떠났을 때 갑자기 배우자나 자식, 부모를 잃은 마음이 얼마나 아플까. 그러므로 곁에 있을 때에 우리 서로 사랑하자. 혹 그가 어느 순간에 보이지 않을 수도 있다.

2. 장애자와 가족이 아닐까

어떤 이들은 보지도 듣지도 움직이지도 못한다. 먹지도 못하고 대소변까지 남의 손을 빌려야 한다. 저들에게 없는 것을 내게 주심은 도와야 하는 이유이다.

3. 노인이 아닐까

어디서나 환영받지 못하는 노인. 공원 벤치에서도 젊은이들의 눈길을 피하는 움츠린 모습들. 왜 저들을 보며 아플까. 분명한 것은 당신도 나도 우리도 늙는다. 우리는 사느라고 힘들다. 그러므로 모두 사랑하며 살자.

21. 긴 병에 효자 없다지만

   인상도 성격도 선해서 사람들이 좋아하는 이가 있다. 오랜 병원 생활을 하는 부모에게도 효도를 하는 사람. 바쁜 중에도 언제나 활발히 병문안을 다닌다. 문제는 사는 날까지 퇴원이 불가능한 상태인데 정신이 온전하시니 환자나 보호자나 예민하기가…
   물질이나 정신적으로 이제는 지쳐있다. 내심 승산 없는 지루한 전쟁이 끝나기를 바라는지 모른다. 그러나 성경은 네 부모를 공경하라신다.

   "너희 각 사람은 부모를 경외하고 나의 안식일을 지키라 나는 너희 하나님 여호와니라" (레 19:3)

   "너는 센 머리 앞에 일어서고 노인의 얼굴을 공경하며 네 하나님을 경외하라 나는 여호와니라" (레 19:32)

   부모뿐 아니라 모든 노인을 합당히 여기고 존중하는 것. 이것이 인간의 기본 윤리가 아닐까. 힘이 들어도 믿음을 가진 자는 말씀대로 준행하실 것을 권면한다.

22. 거룩한 사람이 되라

1. 되지 못한 사람이 거룩하기는 어렵다.
그러나 하나님은 내가 거룩하니 너희도 거룩하라 시며 자식이 부모를 닮아야 함을 원칙으로 하신다.

"너는 이스라엘 자손의 온 회중에게 고하여 이르라 너희는 거룩하라 나 여호와 너희 하나님이 거룩함이니라" (레 19)

2. 거룩함은 하나님의 속성이다. 좋은 나무가 나쁜 열매를 맺을 수 없고… 열매로 그들을 알리라. (마 7:15-20)
씨도둑 질은 못한다는 옛말을 생각하면 이상할 것 없는 가라지와 알곡이 존재하는 세상이다.
신앙교육 잘 받은 사람이 거룩한 일을 할 것이며 하나님을 잘 섬기는 사람이 말씀대로 산다. 세상을 분별하는 지혜로 거룩한 믿음 생활합시다.

23. 기억력

버스 정거장에서 중년 여인 둘이 이야기를 하고 있다. 어제 단골 방앗간에 고추를 빻으려고 갔는데 글쎄 가서 보니까 고추를 안 갖고 갔더라고. 얼마나 속상하던지 요즘 왜 이렇게 정신이 없나 몰라.

늙수레한 부인네들의 너스레 같은 불편한 진실. 주거니 받거니 공감하지만 놓치고 마는 것들 순리!

안 보여서 몰랐다. 겉만 늙는 것이 아니고 마음도 생각도 정신, 목소리까지 늙는다는걸. 세상에 오래 쓰면 녹슬고 부서지지 않는 것이 뭐가 있을까.

"그런즉 너희가 어떻게 행할 것을 자세히 주의하여 지혜 없는 자같이 말고 오직 지혜 있는 자같이 하여 세월을 아끼라" (엡 5:15-17)

젊음은 보석이다. 고로 젊음을 보석같이 아끼며 살고 나이 들면 드는 멋으로 멋지게 살라. 어제, 오늘, 내일도 주신 하나님은 어떤 한날도 필요 없는 날을 주시지 않았다.

24. 하나님은 자녀를 차별하지 않으신다

바울은 빌레몬의 종이었던 오네시모를 만나 개종시키고 새사람이 된 저를 옥중에서 낳은 아들이라며 기뻐하며 사랑한다. (몬 1:1-25)
그는 주인의 물건을 훔쳐 달아난 도둑이었으나 이제는 믿음의 형제요 일꾼으로 신분이 달라졌다.

"만일 우리가 우리 죄를 자백하면 저는 미쁘시고 의로우사 우리 죄를 사하시며 모든 불의에서 우리를 깨끗케 하실 것이요(요일 1:9)

이제 바울은 빌레몬에게 오네시모를 용서할 것과 주를 영접한 형제로 기쁘게 받아줄 것을 부탁했다.
저가 이제 종이 아닌 형제임을 인정해 주기를 바라고 있는 것이리라. 그래서 보낸 서신이 빌레몬서이다.

25. 경청하는 습관을 갖자

몸도 건강할 때 지켜야 되는 것처럼 하나님의 말씀도 사랑과 인자함으로 말할 때 들어야 한다. 그러나 우리는 이유가 너무 많다. 잘 듣는 것도 습관인데 그렇지 않은 것도 나쁜 습관이다.

"네가 평안할 때에 내가 네게 말하였으나 네 말이 나는 듣지 아니하리라 하였나니 네가 어려서부터 내 목소리를 청종치 아니함이 네 습관이라" (렘 22:21)

세 살 버릇 여든 간다는 말이 있는데 그 말인즉 죽음까지 간다는 이야기다. 사람이 귀를 돌이키고 율법을 듣지 아니하면 그의 기도도 가증하니라. (잠 28:9)

26. 불치병을 고치시는 하늘의 능력

예수께서!
병자들을 고치시는 능력을 행하므로 이스라엘의 종교 지도자들에게 심한 핍박을 당하셨다. 예수님께서 공생애 기간에 치유하신 병들은 당시 불치병으로 알려진 질병들이었다. 문둥병, 중풍 등은 오늘날도 고치기 힘든 심각한 병. 인간은 불가능하나 예수님은 고치셨다. (마 12:22-24)
또한 병자를 긍휼이 여기심은 육신의 질병뿐 아니라 근원인 죄의 문제를 보고 불쌍히 여겨 고쳐 주셨으니 그리스도의 질병 치유 목적은 영혼 구원이었다. 그때에 귀신 들려 눈멀고 벙어리 된 자를 데리고 왔거늘

"예수께서 고쳐 주시매 그 벙어리가 말하며 보게 된지라" (마 12:22)

하나로 선 사상과 문학

생활잠언집

초판1쇄발행 2019년 3월 28일

지 은 이 허이레
펴 낸 이 박영률
펴 낸 곳 하나로 선 사상과 문학사

출판등록 제2012-000301호
주   소 서울시 마포구 신수동 창전로2길 27호
전   화 02) 326-3627
팩   스 02) 717-4536

메일주소 holyhill091@hanmail.net

I S B N 979-11-88374-09-0 03230
정   가 10,000원

*인지는 저자와 합의하에 생략하며 잘못된 책(파본)은 교환해 드립니다.

이 도서의 국립중앙도서관 출판예정도서목록(CIP)은 서지정보유통지원시스템 홈페이지(http://seoji.nl.go.kr)와 국가자료공동목록시스템(http://www.nl.go.kr/kolisnet)에서 이용하실 수 있습니다.(CIP제어번호: CIP2019011866)